Introdução às Ciências Sociais

COLEÇÃO **FGV**  UNIVERSITÁRIA

Introdução às Ciências Sociais

CELSO CASTRO
JULIA O'DONNELL

Copyright © 2015 Celso Castro e Julia O'Donnell

Direitos desta edição reservados à
EDITORA FGV
Rua Jornalista Orlando Dantas, 37
22231-010 — Rio de Janeiro, RJ — Brasil
Tels.: 0800-021-7777 — (21) 3799-4427
Fax: (21) 3799-4430
e-mail: editora@fgv.br — pedidoseditora@fgv.br
web site: www.fgv.br/editora

Impresso no Brasil / *Printed in Brazil*

Todos os direitos reservados. A reprodução não autorizada desta publicação, no todo
ou em parte, constitui violação do copyright (Lei no 9.610/98).

Os conceitos emitidos neste livro são de inteira responsabilidade dos autores.

1ª edição, 2015; 1ª reimpressão, 2018.

Revisão de originais: Fernanda Villa Nova de Mello
Editoração eletrônica: FA Editoração
Revisão: Fatima Caroni e Aleidis de Beltran
Capa: aspecto:design
Ilustração de capa: Fesouza

Castro, Celso.
   Introdução às ciências sociais / Celso Castro, Julia O'Donnell. – Rio de Janeiro
  Editora FGV, 2015.
   226 p. – (Coleção FGV Universitária)

   Inclui bibliografia.
  ISBN: 978-85-225-1556-1

   1. Ciências sociais. I. O'Donnell, Julia. II. Fundação Getulio Vargas. II. Título.

CDD - 300

Sumário

Apresentação – Introdução às Ciências Sociais   7

UNIDADE I –   **O mundo das Ciências Sociais   11**
Seção 1 – A perspectiva das Ciências Sociais   12
Seção 2 – A modernidade e o surgimento das
Ciências Sociais   15
Seção 3 – A especificidade das Ciências Sociais   23
Seção 4 – A construção social da realidade   33
Seção 5 – Interação social, tipificação e
institucionalização   37
Seção 6 – Max Weber e os tipos ideais de
dominação   43
Seção 7 – O tipo ideal do "homem cordial"
brasileiro   55

UNIDADE II –   **A construção da identidade social: relação
entre indivíduo e sociedade   67**
Seção 8 – Trajetória pessoal e tempo histórico   68
Seção 9 – Identidade e socialização   76
Seção 10 – Memória e identidade social   86
Seção 11 – Disciplina e enquadramento dos
indivíduos   94
Seção 12 – A sociedade disciplinar   100
Seção 13 – Norma, desvio e divergência   104

UNIDADE III – Como a sociedade se mantém: divisão social do trabalho, solidariedade e coerção   113

Seção 14 – A divisão do trabalho social   114

Seção 15 – Thompson e a dimensão social do tempo   122

Seção 16 – Tempo e lazer   127

Seção 17 – A ética protestante e o espírito do capitalismo   132

Seção 18 – O "espírito do capitalismo"   136

Seção 19 – O "fetichismo" das coisas na modernidade   141

Seção 20 – O modo de vida metropolitano e a ascensão do individualismo   149

Seção 21 – A administração "científica" do trabalho na modernidade   157

UNIDADE IV – Como a sociedade se transforma: o mundo da política   163

Seção 22 – Democracia: igualdade, liberdade e seus perigos   164

Seção 23 – A ideologia como instrumento de dominação de classe   170

Seção 24 – O Manifesto do Partido Comunista: o materialismo histórico e a luta política   175

Seção 25 – A teoria das elites   184

Seção 26 – Democracia e ditadura   193

Seção 27 – Poliarquia   199

UNIDADE V – Os métodos das Ciências Sociais   207

Seção 28 – As Ciências Sociais como um artesanato intelectual   208

Seção 29 – A observação participante   212

Seção 30 – Métodos quantitativos de pesquisa   218

Referências   223

Introdução às Ciências Sociais

Celso Castro e Julia O'Donnell

Apresentação

O objetivo deste livro é apresentar a perspectiva do cientista social em relação ao mundo em que vive. Membros de uma sociedade específica numa época determinada, todos nós adquirimos, ao longo de nossa formação, uma visão de senso comum, com pressupostos hipoteticamente "naturais" acerca do mundo em que vivemos. Esperamos que a leitura deste livro conduza o leitor a exercitar uma reflexão crítica e desnaturalizadora a respeito de aspectos fundamentais de sua vida cotidiana. Pretendemos também que a leitura ajude a desenvolver a sensibilidade necessária para perceber a diversidade e a relatividade das formas da vida social.

Um livro de introdução às Ciências Sociais, destinado principalmente a estudantes de nível superior de cursos de outras áreas, nos quais a disciplina é obrigatória, pode ser estruturado de muitas maneiras. Não há uma forma única, privilegiada ou segura pela qual se deva seguir. Muito pelo contrário, a visão crítica e desnaturalizadora acima mencionada aplica-se à própria apresentação da disciplina, que é sempre feita de forma parcial e segundo determinada perspectiva, guiada pelas opções e preferências pessoais e intelectuais dos autores. Nesse sentido, qualquer introdução será sempre *uma* das muitas possíveis introduções às Ciências Sociais. Por isso, é importante apresentar desde o início as opções fundamentais que fizemos.

Não pretendemos fornecer, num único livro, uma visão abrangente de uma área do conhecimento tão vasta quanto as Ciências Sociais —

no Brasil, geralmente são incluídos sob este rótulo disciplinas intimamente relacionadas: Antropologia, Ciência Política e Sociologia. Por outro lado, esperamos que a leitura seja útil mesmo para quem não pretende seguir seus estudos na área.

Para tanto, procuramos fugir à tentação de adotar alguns modelos correntes em livros destinados a cursos universitários da área, como, por exemplo, apresentar uma sucessão — sempre necessariamente incompleta — de autores, escolas de pensamento, teorias ou temas. A partir da leitura de um único livro, acreditamos que os alunos, especialmente aqueles que não objetivam tornarem-se cientistas sociais, teriam não apenas uma visão fragmentada das Ciências Sociais como também escassa chance de que sua leitura tivesse algum interesse.

Em vez de um levantamento enciclopédico e exaustivo de temas, autores, obras e tradições intelectuais, o que se pretende é *sensibilizar* o aluno para o que poderíamos chamar de "perspectiva sociológica", ou "olhar sociológico". Se isso for minimamente alcançado, o livro terá cumprido seu papel.

Vários autores considerados "clássicos" da tradição das Ciências Sociais estão presentes neste livro, bem como teorias e temas que lhes são característicos, mas o objetivo principal, repetimos, é menos organizá-los num esquema histórico, tipológico ou temático das Ciências Sociais do que usá-los como forma de ajudar os leitores a terem uma visão crítica, desnaturalizadora e sociologicamente informada de aspectos importantes do mundo em que vivem.

O livro está organizado em torno de algumas questões centrais da tradição das Ciências Sociais. Pretendemos que o leitor possa começar a exercitar uma reflexão pessoal sobre essas questões, e que as reconheça em questões debatidas na atualidade e em sua vida cotidiana.

Observações para professores

A utilização do livro em cursos será enriquecida pela leitura prévia, pelos alunos, de textos originais de autores "clássicos" das Ciências Sociais, indicados no livro, e que devem ser discutidos em sala de aula. Além disso, o diálogo com os alunos poderá ser estimulado pela discussão de pequenos textos relacionados ao tema da aula, como trechos de obras artísticas, literárias ou notícias de jornal.

Deve-se buscar sempre a participação ativa dos alunos, que podem ser responsáveis por pequenas exposições sobre temas, textos ou filmes selecionados contra o pano de fundo dos textos lidos e discutidos durante o curso. É importante, no entanto, que o professor oriente os alunos sobre como as exposições devem ser feitas, bem como as acompanhe e discuta depois de terminadas.

O professor deve contextualizar cada aula no plano geral de estudos e aprofundar seu conteúdo. Deve também sentir-se estimulado a propor perguntas e dar sugestões adicionais para leitura, pesquisa ou reflexão, bem como levantar exemplos relacionados ao contexto mais imediato da vida dos alunos.

UNIDADE I

O mundo das Ciências Sociais

- ❏ A especificidade do olhar que as Ciências Sociais lançam sobre a realidade.
- ❏ Procedimentos analíticos e de método: relativizar, distanciar o olhar e estranhar aquilo que é tido como "natural".
- ❏ Contexto histórico do surgimento das Ciências Sociais: a modernidade e suas transformações.
- ❏ O objeto das Ciências Sociais: a sociedade, vista como resultado da interação recíproca entre os indivíduos.
- ❏ Diferença entre Ciências Naturais e Sociais. As Ciências Sociais como ciências da compreensão, buscando desvendar os significados que os homens atribuem às suas ações.
- ❏ A interação social na vida cotidiana e a linguagem das Ciências Sociais: tipificações e tipos ideais.
- ❏ Exemplos: Max Weber e os tipos ideais de dominação; o brasileiro como "homem cordial" (Sérgio Buarque de Holanda).

SEÇÃO 1 — A perspectiva das Ciências Sociais

O Papalagui mora, como o marisco, numa casca dura; e vive no meio de pedras, tal qual a escalopendra [uma espécie de centopeia] entre fendas de lava, com pedras em volta, dos lados e por cima. A cabana em que mora parece-se com um baú de pedra em pé, com muitos compartimentos e furos.

A gente desliza para dentro e para fora da casca de pedra apenas por um lugar que o Papalagui chama entrada quando vai para dentro, e saída quando vem para fora, embora ambas as coisas sejam absolutamente uma só e a mesma. Neste lugar existe uma grande folha de madeira que se tem de empurrar com força para entrar na cabana. Mas isto é só para começar: tem-se de empurrar ainda outras folhas para estar, de fato, na cabana.

Quase todas as cabanas são habitadas por mais pessoas do que as que moram numa só aldeia samoana; [...]. É muito comum nem saberem o nome umas das outras; e se se encontram no buraco por onde entram e saem, cumprimentam-se de má vontade, ou resmungam qualquer coisa, tal qual insetos hostis, dando a impressão de estarem zangadas por terem de viver perto umas das outras.

Este é um trecho de um discurso de Tuiavii, chefe da aldeia de Tiavea, em Samoa (Polinésia, Pacífico Sul), recolhido pelo artista alemão Erich Scheurmann (1878-1957) e publicado originalmente em 1920. Samoa foi uma colônia alemã até passar à tutela da Nova Zelândia em 1920 e finalmente se tornar independente em 1962.

Tuiavii fala a seus conterrâneos sobre o mundo cotidiano do *Papalagui* — o europeu ou homem branco — que conheceu durante uma viagem à Europa. Ele descreve a vida numa metrópole, com seus prédios e apartamentos, ruas e bondes, ruídos e confusão, bem como um tipo diferente de sociabilidade: a convivência anônima e pouco amistosa entre vizinhos e a divisão de tarefas entre homens e mulheres.

Ele não usa, porém, as palavras que aprendemos a usar para designar esses elementos: "edifício", "apartamento", "quarto", "rua" etc. Tuiavii procura traduzir aquilo que viu para os conterrâneos na linguagem samoana, que não tinha essas palavras, e, claro, nem essa mesma experiência urbana.

UNIDADE I – O MUNDO DAS CIÊNCIAS SOCIAIS

O texto permite, através desse efeito às vezes cômico, fazer um exercício de ver com outros olhos nossa realidade cotidiana, aquela que é construída por meio de nossa socialização, o mundo no qual vivemos em modo "piloto automático". É esse mundo que aprendemos como "natural" desde a infância, e a partir do qual passamos a julgar as pessoas e sociedades que são diferentes de nós. Nesse sentido, podemos entender que não é simples o esforço de "desnaturalizar" nossa visão de mundo, pois está muito arraigada: na forma como o vemos, nas palavras que usamos para descrevê-lo, naquilo que consideramos o comportamento "natural" etc.

Trata-se daquilo que o sociólogo americano C. Wright Mills chamou de *imaginação sociológica*, uma forma de ver o mundo que permite ir além das lentes da nossa própria consciência. A primeira conquista da imaginação sociológica seria o entendimento de que os seres humanos só podem compreender sua existência ao se perceberem parte de determinado contexto social. Com isso vemos que nossas ações influenciam e são influenciadas pela dinâmica da sociedade, o que nos permite olhar além da esfera da vida privada. Essa é, em suma, a promessa da imaginação sociológica: o desenvolvimento da capacidade de mudar de perspectiva, de estabelecer relações entre as diferentes esferas que compõem o humano e social. Através dela podemos voltar a ser surpreendidos com a realidade, estranhar o que nos é familiar e ampliar nossos questionamentos, passando a refletir sobre a realidade social a partir de novos pressupostos.

Nesse mesmo sentido, o sociólogo Anthony Giddens (2005:25) diz que

> A imaginação sociológica, acima de tudo, exige de nós que pensemos fora das nossas rotinas familiares de nossas vidas cotidianas, a fim de que a observemos de modo renovado. Considere o simples ato de tomar uma xícara de café. O que poderíamos dizer, a partir de um ponto de vista sociológico, sobre esse exemplo de comportamento aparentemente tão desinteressante? Poderíamos assinalar que o café possui um valor simbólico como parte de nossas atividades diárias, é um ritual e convida à socialização. Segundo, o café é uma droga lícita; mas existem outras drogas ilícitas. Os sociólogos estão interessados no porquê da existência de tal contraste. E, por último, o hábito de beber café está relacionado a uma rede internacional econômica de importação e exportação, e também a um passado histórico.

Portanto, vemos que a *imaginação sociológica* consiste, em grande medida, num exercício de estranhar, de relativizar, de afastar o olhar de nossa própria sociedade e, assim, perceber melhor suas características. Aquilo que é familiar não nos é necessariamente conhecido. Através do conhecimento produzido pelas Ciências Sociais, podemos refletir criticamente sobre nossa própria realidade social e perceber melhor seus mecanismos e características.

Como o livro está dividido

O objetivo geral do livro é apresentar a perspectiva do cientista social em relação ao mundo que o cerca e do qual também faz parte. Espera-se que os leitores exercitem, ao longo de sua leitura, uma reflexão crítica e desnaturalizadora a respeito de aspectos fundamentais do mundo em que vivem. Além disso, que o livro ajude a desenvolver a sensibilidade necessária para perceber a diversidade e a relatividade das formas da vida social, tanto em sua dimensão histórica quanto cultural.

Por razões didáticas, o livro está dividido em cinco partes independentes, mas intimamente relacionadas entre si.

A primeira, "O mundo das Ciências Sociais", trata do objeto desse campo do conhecimento, da natureza da compreensão sociológica, e fornece um quadro geral sobre o contexto histórico do surgimento da disciplina e a definição de alguns de seus conceitos e métodos fundamentais.

A segunda parte, "A construção da identidade social", trata da relação entre indivíduo e sociedade através dos temas da socialização individual, da memória e da identidade social.

Na terceira parte, "Como a sociedade se mantém", os temas centrais são a divisão do trabalho, a solidariedade e a coerção.

A quarta parte, "Como a sociedade se transforma", aborda o mundo da política através de algumas visões clássicas sobre o tema.

Finalmente, a quinta parte, "Os métodos das Ciências Sociais", trata da natureza artesanal da pesquisa em Ciências Sociais e de suas ferramentas.

Temas para discussão

❏ As observações de Tuiavii ainda são válidas a respeito da vida atual do Papalagui?

❏ Podemos exercitar o mesmo olhar "estranhador" em nossa sociedade atual?

❏ Podemos imaginar grupos sociais ou estilos de vida que estão próximos de nós, com os quais temos uma razoável familiaridade, mas que nos são desconhecidos? Ou sobre os quais temos visões preconcebidas, e não fruto de conhecimento efetivo?

SEÇÃO 2 — A modernidade e o surgimento das Ciências Sociais[1]

O contexto do surgimento das Ciências Sociais

Você sabia que aquilo que conhecemos hoje como "Ciências Sociais" só surgiu na segunda metade do século XIX? Que antes disso não havia qualquer saber específico para estudar e conhecer a sociedade? A pergunta imediata que tais informações nos colocam é: se a vida em sociedade já existe desde os tempos remotos, se a humanidade sempre conviveu com questões como poder, cultura, relações de grupo etc., por que só então criou-se uma ciência dedicada ao estudo de tais fenômenos?

As Ciências Sociais são fruto do mundo moderno. Seu surgimento só pode ser compreendido dentro do contexto das grandes transformações que marcaram a Europa dos séculos XVIII e XIX, alterando profundamente a vida das pessoas. Mas tais transformações não aconteceram, por certo, de uma hora para outra. São parte de um longo caminho que, conforme aprendemos com os livros de História, teve início no século XV, quando a consolidação do processo de expansão comercial das cidades deixava definitivamente para trás o mundo feudal, dando as boas-vindas ao que, mais tarde, veio a ser conhecido como a Idade Moderna.

---

[1] Texto de referência: Dawe (1980).

Apesar de fundamental à compreensão daquele processo, o incremento da atividade comercial não foi, certamente, o único fator de mudanças. Vinha acompanhado, entre outras coisas, do desenvolvimento do *humanismo*, nome pelo qual ficou conhecido o movimento de redescoberta da Antiguidade e que tinha como eixo a ideia de que Deus havia feito do homem o centro do universo. Iniciado na Península Itálica no século XIV, esse movimento intelectual abrangeu a maior parte da Europa entre os séculos XV e XVI, dando corpo ao mote do *antropocentrismo* e valorizando as potencialidades da razão humana.

Não por acaso, o *humanismo* estabeleceu os fundamentos do Renascimento, que emergiu como uma nova postura intelectual e artística em relação às doutrinas religiosas vigentes ao longo de toda a Idade Média. Através da arquitetura, da escultura, da pintura, das letras e da filosofia, os renascentistas ofereciam novas alternativas de compreensão do mundo, explorando temas tão variados como política, moral, anatomia etc. A valorização do *uso da razão* como meio de alcançar o conhecimento acabou por dar forma ao que hoje conhecemos como "Revolução científica", processo iniciado durante o Renascimento (com Copérnico, Da Vinci e outros) e que deu origem à ideia de ciência tal como a conhecemos hoje: um saber pautado na necessidade de observar os fatos e os fenômenos e demonstrar as explicações que lhes eram atribuídas. É importante lembrar ainda que a chegada dos "tempos modernos" foi marcada também pela ampliação dos horizontes geográficos dos europeus, que se lançavam em grandes expedições marítimas, ao encontro de novas terras e, consequèntemente, novos povos.

Cerca de dois séculos mais tarde, o surgimento do *Iluminismo* veio aprofundar o sentido transformador daquelas mudanças, defendendo o livre exercício das capacidades humanas e o engajamento sociopolítico. Nas palavras do filósofo Immanuel Kant (1784),

> O Iluminismo representa a saída dos seres humanos de uma tutelagem que estes mesmos se impuseram a si. Tutelados são aqueles que se encontram incapazes de fazer uso da própria razão independentemente da direção de outrem. É-se culpado da própria tutelagem quando esta resulta não de uma deficiência do enten-

UNIDADE I – O mundo das Ciências Sociais

dimento mas da falta de resolução e coragem para se fazer uso do entendimento independentemente da direção de outrem. Sapere aude! [Ouse saber!] Tem coragem para fazer uso da tua própria razão! — esse é o lema do Iluminismo.

Aprofundavam-se o processo de secularização da sociedade e, com ele, a crença no valor do conhecimento científico. A Europa vivia os efeitos da Revolução Industrial, da Independência dos Estados Unidos (1776) e da Revolução Francesa (1789). A urbanização acelerada dava corpo a novas formas de moradia e novos modelos de relação de trabalho, enquanto o individualismo ganhava espaço como ideologia dominante. O mundo, enfim, se transformava.

Ao lado da crença no progresso, acompanhada de perto pelo desenvolvimento de saberes científicos, o mundo moderno apresentava enormes desafios aos homens de seu tempo. Paralelamente ao crescimento da indústria e aos avanços científicos, a Europa assistia ao aumento exponencial da desigualdade, bem como ao surgimento de um novo e importante ator social: a multidão. A formação da classe trabalhadora urbana deixava claro que a pobreza era parte constitutiva daquele mundo que se erigira em torno do ideal da igualdade. O cotidiano das grandes cidades passava então a impor questões inescapáveis: Como explicar e tratar a desigualdade? Como compreender a diferença? Como explicar a manutenção da sociedade diante da desagregação crescente?

Em meados do século XIX, alguns pensadores se propuseram a enfrentar essas questões, dando forma ao que mais tarde seria conhecido como Ciências Sociais. Inicialmente inspirado em saberes como a Física e a Biologia, o novo campo de conhecimento buscava, através de uma análise objetiva dos fenômenos da sociedade, enfrentar o desafio de compreender aquelas alterações profundas e refletir sobre a forma como as pessoas reagiram a elas.

Atentando para a importância de entrelaçar o surgimento das Ciências Sociais com o contexto em que aconteceu, o sociólogo brasileiro Florestan Fernandes assevera que se tratava de uma atmosfera de *alargamento dos níveis de percepção social do sujeito*, pautado em três elementos: a *secularização da cultura*, o desenvolvimento de um *conhecimento do senso comum* e o fortalecimento do *pensamento racional sistemático*. Esses três fatores teriam dado origem a um "ponto de vista sociológico", ou seja, um novo modo de ver a sociedade e pensar sobre ela, posteriormente organizada sob uma forma científica. É nesse sentido que o autor afirma (Fernandes,1977:14):

> A Sociologia não se afirma primeiro como explicação científica e, somente depois, como forma cultural de concepção do mundo. Foi o inverso que se deu na realidade. Ela nasce e se desenvolve como um dos florescimentos intelectuais mais complicados das situações de existência nas modernas sociedades industriais e de classes. Conservadores, reformistas ou revolucionários, aspiravam fazer do conhecimento sociológico um instrumento da ação. A Sociologia constitui um produto cultural das fermentações intelectuais provocadas pelas revoluções industriais e político-sociais, que abalaram o mundo ocidental moderno.

No entanto, para compreender o sentido profundo daquelas trasnformações de que a Sociologia é fruto, é importante refletir também sobre um aspecto elementar do desenvolvimento do mundo moderno: o surgimento da noção de *indivíduo*.

O surgimento do indivíduo

Quando aprendemos sobre o processo de declínio da Idade Média, nos acostumamos a elencar aspectos como o renascimento comercial, as pestes e revoltas que acabaram por atingir a essência do sistema feudal. Lembramo-nos, assim, do processo de desintegração das hierarquias sociais que caracterizavam o modo de vida medieval, do fato de que o modo de produção capitalista se tornava dominante e do progressivo aumento da divisão social do trabalho. Estes são, sem dúvida, fatores essenciais à compreensão das trasnformações que levaram ao fim da Idade Média e à consequente emergência do mundo moderno. Há, contudo, um fator que perpassa todos esses fatores de forma determinante, e ao qual não costumamos atentar: a separação entre *grupo* e *pessoa*, ou o surgimento do *indivíduo*.

Segundo o sociólogo Alan Dawe, o colapso do mundo medieval, ainda que tenha sido um processo gradual e fragmentado, representou um rompimento histórico radical entre dois mundos. E o sentido profundo de tal rompimento pode, segundo ele, ser percebido pelo fato de que o fim da Idade Média trouxe consigo uma "inversão cósmica" da ideia de indivíduo, como defende Raymond Williams (apud Dawe, 1980:492-493):

"Individual" significa, no pensamento medieval, "inseparável"... Lentamente, e com muitas ambiguidades, desde então, aprendemos a pensar no "indivíduo em si mesmo", quando antes falar nele era dar um exemplo do grupo de que era membro.

Caracterizando o mundo medieval como um conjunto de comunidades fechadas e estáticas, Dawe chama a atenção para a centralidade do *grupo* na dinâmica social daquele contexto. Pequena e pouco aberta a novidades, a aldeia medieval típica seguia uma rotina marcada pela previsibilidade e pela preeminência da vida pública. Afinal, numa pequena comunidade em que todos se conhecem, cada vida é vivida em conjunto, não havendo, portanto, separação possível entre as dimensões pública e privada.

Dawe lembra ainda que a centralidade do *grupo* nas aldeias medievais era reforçada pela dependência que pautava as relações entre seus membros. A satisfação das necessidades individuais (como o acesso ao alimento, por exemplo) dependia do trabalho coletivo, e não do acesso a indivíduos especializados em determinadas tarefas. Dito de outro modo, no mundo medieval não havia uma acentuada *divisão social do trabalho*,

E isso, é claro, é de grande importância, pois da divisão do trabalho depende a diferenciação da biografia e da experiência que produz o senso da diferença em relação aos outros, e que é a essência da moderna concepção do indivíduo. Sem ela, experiência, biografia e vida pessoal continuam indiferenciadas de uma pessoa para outra. Sem ela, portanto, não pode haver uma concepção do "indivíduo em si mesmo" [Dawe, 1980:493].

A consciência de si era, portanto, determinada pelo pertencimento ao grupo, sem qualquer espaço para o questionamento da ordem vigente. O homem era visto como uma manifestação da vontade divina, e toda

Introdução às Ciências Sociais

agência sobre o mundo cabia única e exclusivamente a Deus. Ao homem restava apenas aceitar viver conforme o papel a ele designado no grupo. Tratava-se de um mundo fortemente marcado pela religião cristã. Segundo o historiador francês Lucien Febvre, até o final da Idade Média a religião cristã efetivamente dominava toda a vida do homem, tanto a vida privada quanto a pública. Não havia escolha para o indivíduo: "todos, desde o nascimento, se encontravam imersos num banho de cristianismo":

O cristianismo é hoje uma profissão de fé entre várias outras: a mais importante de todas aos nossos olhos de ocidentais — somente aos nossos olhos, porém. Chegamos a defini-lo naturalmente como um conjunto de dogmas e de crenças bem determinadas, associadas a práticas e a rituais definidos há muito tempo. No que não temos plenamente razão. Porque, queiramos ou não, o clima de nossas sociedades ocidentais sempre foi, profundamente, um clima cristão. Antigamente, no século XVI, com mais fortes razões ainda, o cristianismo era o próprio ar respirado por toda a região que convencionamos designar por Europa e que constituía a Cristandade. Uma atmosfera em que o homem vivia sua vida, toda a sua vida — e não unicamente sua vida intelectual; também sua vida privada em seus múltiplos comportamentos, sua vida pública em suas diversas ocupações, sua vida profissional onde quer que se enquadrasse. Tudo isto, automaticamente, sob qualquer condição, total e independentemente de toda vontade expressa de ser crente, de ser católico, de aceitar ou de praticar sua religião...

Atualmente se escolhe. Ser cristão ou não. No século XVI não havia escolha. Era-se cristão de fato. Podia-se divagar em pensamento longe do Cristo: jogos de imaginação, sem suporte vivo de realidade. Todavia, não se podia sequer dispensar a prática. Mesmo não querendo, mesmo não entendendo claramente, todos, desde o nascimento, se encontravam imersos num banho de cristianismo, do qual não se escaparia nem na hora da morte: já que esta morte era necessariamente, socialmente, cristã, devido aos ritos a que ninguém podia subtrair-se, ainda que estivesse revoltado em face da morte, ainda que tivesse feito gracejos e se mostrasse brincalhão nos últimos momentos. Do nascimento até a morte, estabelecia-se uma imensa cadeia de cerimônias, de tradições, de costumes e práticas que, sendo todas cristãs ou cristianizadas,

Unidade I – O mundo das Ciências Sociais

amarravam o homem, mesmo contra sua vontade, escravizando-o apesar de suas pretensões de tornar-se livre. E, acima de tudo, cercavam sua vida privada [Febvre, 1978:38].

Vale observar que até a própria contagem do tempo dependia da Igreja: os relógios eram raros, os repiques dos sinos da Igreja é que marcavam o tempo, e os calendários também eram expressos em termos cristãos (Febvre, 1978:37-53).

Segundo Alan Dawe, o ressurgimento do comércio, na baixa Idade Média, viria ferir de morte esse mundo por dois motivos: primeiro, por romper aos poucos o isolamento das aldeias, enfraquecendo a unidade comunitária sobre a qual se mantinha a força do *grupo*; e, em segundo, por introduzir a possibilidade de mobilidade social, dando a homens e mulheres alternativas de papéis e posições sociais para além daquela que lhes havia sido designada ao nascer. Como sublinha Dawe (1980:495),

Em consequência, as pessoas podem começar a ver-se como agentes ativos na criação de suas próprias vidas como tendo atributos, capacidades e identidades pessoais, distintas de qualquer papel social fixo, e com isso, como ocupantes não só de uma esfera pública, social e comunitária, mas também de uma esfera pessoal, individual e privada de vida, experiência e atividade. Elas podem conceber-se como "indivíduos em si".

Nascia, assim, o indivíduo, que seria definitivamente empoderado pelo humanismo e, mais tarde, pelo Iluminismo. O grupo deixava de ser a referência inescapável à definição de si, e o homem, cada vez mais ciente de suas potencialidades, passava a agir por meio da razão num mundo progressivamente secularizado. Desintegravam-se, de forma gradual, as hierarquias sociais que caracterizaram o modo de vida medieval e as sociedades do Antigo Regime. O modo de produção capitalista torna-se dominante; com ele, há o exponencial aumento da divisão social do trabalho e da industrialização, a urbanização crescente e o desenvolvimento de um modo de vida urbano. A sucessiva perda de poder da Igreja sobre a vida cedia lugar ao predomínio de ideologias ligadas ao cientificismo e ao individualismo, fazendo com que racionalidade e igualdade fossem afirmadas como valores centrais da cultura ocidental moderna. Não que isso tenha ocorrido plenamente: o mundo moderno verá, ao contrário, o acirramento de crises sociais e o choque entre diferentes alternativas políticas.

Eram, enfim, os tempos modernos que nasciam; e, com eles, as Ciências Sociais.

Tema para dicussão: Tempos difíceis (Charles Dickens)

Coketown [...] era o triunfo do Fato [...]. Era uma cidade de tijolos vermelhos, ou antes de tijolos que tinham sido vermelhos, se a fumaça e as cinzas o tivessem consentido: mas tal como estava, era uma cidade de um vermelho e um preto esquisitos, semelhando a cara pintada de um selvagem, Era uma cidade de máquinas e altas chaminés, das quais saíam incessantemente serpentes intermináveis de fumaça, que jamais se desenroscavam. Tinha um canal negro e um rio manchado de roxo por tintas mal cheirosas e imensas pilhas de edifícios cheios de janelas, onde todo o santo dia havia ruídos estremecidos e onde os êmbolos das máquinas a vapor subiam e desciam melancolicamente, semelhante à cabeça de um elefante melancolicamente louco. Para essa gente, cada dia era igual ao anterior e ao seguinte e cada ano idêntico ao último e ao próximo.

Esses atributos de Coketown eram no fundo inseparáveis da indústria, que constituía o seu sustentáculo — artigos de conforto da vida a espalharem-se pelo mundo inteiro e elegâncias da vida que faziam, não diremos em que medida, a beleza das damas que da terra não queriam nem ouvir falar.

Não se via nada em Coketown que não fosse severamente laborioso. [...] Fatos, fatos, fatos, tal era o aspecto material da cidade; fatos, fatos, fatos, por toda parte, no imaterial. [1950:25].

Exercício: Faça uma análise do texto acima, identificando elementos do contexto cultural que levaram ao surgimento das Ciências Sociais.

SEÇÃO 3 — A especificidade das Ciências Sociais[2]

A sociedade, objeto da ciência

Quando falamos em "Ciências Sociais" nos referimos a um conjunto bastante amplo de disciplinas (no Brasil, em geral, a Sociologia, a Antropologia, a Ciência Política) que, normalmente, se propõem identificar e explicar fenômenos relativos ao conjunto de pessoas interligadas no que chamamos "sociedade". Como vimos na seção anterior, esse campo de conhecimento voltado ao estudo dos aspectos propriamente *sociais* da vida dos seres humanos surgiu no final do século XIX, no contexto do crescimento das cidades e do advento do mundo moderno, e relaciona-se, portanto, a um processo de multiplicação e complexificação do mundo social. Não podemos esquecer, no entanto, que as Ciências Sociais surgem num momento em que as ditas Ciências Naturais já se encontravam bastante estabelecidas e legitimadas em torno de campos como a Biologia, a Química e a Física, que se dispunham a investigar (e a revelar) causas e fenômenos relacionados ao corpo humano e à natureza, valendo-se de métodos e procedimentos baseados no princípio da objetividade.

Fica claro, assim, que as Ciências Sociais surgem diante do desafio de se estabelecer como um ramo de conhecimento que, a despeito do caráter abstrato e fluido de seu objeto — a sociedade —, pretendia ser reconhecido como uma ciência legítima. Mas como alcançar tal legitimidade científica se, diferentemente das células, átomos e órgãos que são objetos por excelência das Ciências Naturais, a sociedade e o mundo social não podem ser analisados em laboratórios? Como desenvolver objetividade científica perante um objeto do qual o próprio observador — o cientista social — faz parte —, isto é, a vida social? Essa questão percorreu grande parte dos trabalhos empreendidos pelos primeiros cientistas sociais, preocupados em garantir a legitimidade das Ciências Sociais.

Foram muitas as maneiras encontradas por diferentes cientistas sociais para responder a essas questões. Cada qual procurou debater (e defender)

---

[2] Textos de referência: Schutz (1979); Simmel, (1983).

a legitimidade científica do estudo da sociedade, apresentando métodos e reflexões que, no seu conjunto, revelam um grande investimento em comprovar a especificidade de seu objeto e, consequentemente, a necessidade do desenvolvimento de métodos próprios para sua compreensão.

A partir dessas considerações podemos partir para a pergunta que permeia toda essa discussão: quais são, afinal, os princípios científicos que embasam o estudo da sociedade e, portanto, a legitimidade das Ciências Sociais? A frase do filósofo Alfred Schutz (1979:267) nos dá um bom ponto de partida: "as principais diferenças entre as Ciências Sociais e as Naturais não têm de ser procuradas numa lógica diferente que rege cada ramo do conhecimento".

Isso significa, em linhas gerais, que tanto as Ciências Naturais quanto as Sociais partem de um mesmo compromisso com o princípio lógico do conhecimento e, ainda, que ambas compartilham do mesmo rigor na utilização dos métodos de investigação. Ou seja, apesar de diferentes, cada um desses ramos de conhecimento é igualmente válido como estudo científico. Mas essa constatação deixa ainda em aberto a questão sobre a *especificidade* das Ciências Sociais, ou, em outras palavras, sobre como o objeto de estudo desse ramo de conhecimento pode ser tratado de forma científica.

Alfred Schutz dá outra pista ao afirmar que, apesar de dividir com as Ciências Naturais princípios da lógica e do rigor metodológico, as Ciências Sociais, por possuírem um objeto próprio, devem investir também em meios e dispositivos específicos para dar conta do universo que pretende investigar. Ainda segundo o autor, essa diferença de método só pode ser devidamente compreendida se analisarmos a fundo a especificidade (e a complexidade) do objeto de estudo do cientista social.

É a partir dessa proposta que Schutz apresenta o que acredita ser a diferença fundamental entre as Ciências Naturais e as Ciências Sociais: o fato de que, nestas últimas, o campo de observação do cientista — a realidade social — tem um significado prévio para ele próprio e para as pessoas que são objeto da investigação.

Isso significa que:

❑ **nas Ciências Naturais**, o cientista pode definir sozinho o que é relevante para o estudo, construindo seu objeto de acordo com o que lhe parecer mais apropriado. Isso porque o mundo da natureza não é previamente interpretado por seus elementos, já que ele "nada 'significa' para as moléculas e átomos aí existentes" (Schutz, 1979:268);

❑ **nas Ciências Sociais**, por sua vez, a realidade a ser observada pelo cientista (a realidade *social*) tem um significado previamente determinado pelas pessoas que nela vivem, pensam e agem. Assim, o cientista social constrói seu objeto de estudo baseado nas construções feitas por aqueles que vivem no mundo social a ser analisado.

É nesse sentido que Schutz afirma que o cientista social tem o desafio de interpretar *construtos de segundo grau*, ou seja, analisar as interpretações dos vários atores (inclusive dele próprio) sobre a realidade social que se propõe estudar.

As Ciências Sociais como ciências da compreensão

Em linhas gerais, podemos dizer que as Ciências Sociais se caracterizam por buscar entender os princípios pelos quais as pessoas organizam suas vidas no dia a dia e, de maneira mais ampla, como se estrutura a vida em sociedade. Para isso, como vimos anteriormente, o cientista deve contar com métodos apropriados para analisar tais princípios, já previamente interpretados e experimentados pelos atores que povoam o mundo social.

Podemos afirmar, por essas razões, que as Ciências Sociais lidam predominantemente com o universo da *compreensão* (e não da *explicação*, como no caso das Ciências Físicas e Naturais), ou seja, que se baseiam no propósito de compreender o mundo social e que, ao mesmo tempo, essa compreensão se fundamenta na compreensão que as pessoas têm sobre esse mesmo mundo social, por elas vivido e experimentado diariamente. Parece complicado, mas se pensarmos separadamente em dois níveis da compreensão a questão fica mais clara:

❑ **num primeiro nível**, a compreensão é a "forma particular de experiência por meio da qual o pensamento do senso comum toma conhecimento do mundo social e cultural" (Schutz, 1979:269). Ou seja, é o princípio que orienta as pessoas no mundo social no qual estão inseridas, fazendo com que integrantes de uma sociedade interpretem a realidade ao seu redor, agindo sobre ela de acordo com seu ponto de vista;

❑ **num segundo nível,** a compreensão é o método do cientista social, ou seja, é o meio pelo qual ele busca apreender o significado das ações dos indivíduos. Nesse segundo nível há, portanto, um duplo movimento: o pesquisador desenvolve a própria compreensão sobre a compreensão que as pessoas têm do mundo social. É nesse sentido que Schutz afirma, conforme mencionado, que o desafio do cientista social é o de interpretar *construtos de segundo grau.*

Desse modo, a especificidade das Ciências Sociais está no fato de que suas elaborações e seus conceitos são necessariamente baseados nas elaborações e conceitos que os indivíduos fazem sobre suas experiências diárias.

Essa afirmação deixa em aberto, no entanto, uma importante questão acerca da legitimidade das Ciências Sociais enquanto conjunto de postulados lógicos de natureza científica: como é possível estabelecer princípios objetivos no tratamento da compreensão dos indivíduos sobre o mundo que os cerca? Será que podemos falar em *objetividade* das Ciências Sociais, uma vez que seu universo de estudo é fundamentalmente baseado nos significados *subjetivos* que os indivíduos conferem ao mundo social?

Para responder a tais questões, Schutz retoma a diferenciação entre os dois níveis de compreensão. Segundo o autor, os construtos *de segundo grau* — através dos quais as Ciências Sociais desenvolvem análises sobre o mundo social — seriam construções *científicas*, ou seja, feitas "de acordo com as regras de procedimento válidas para todas as ciências empíricas". Isso significa que essas construções correspondem à elaboração de esquemas de tipificação e classificação que permitem que o cientista social analise e compreenda as ações subjetivas dos indivíduos.

Portanto, apesar de as Ciências Sociais trabalharem com uma metodologia baseada sobre o mesmo princípio de seu objeto — o princípio da *compreensão* —, o fato de elas se pautarem em elaborações de segundo grau (ou seja, em compreensões *sobre* a compreensão dos indivíduos) lhes possibilita manter cientificidade. Isso porque, a partir dessas compreensões de segundo grau, o cientista pode trabalhar com sistemas teóricos e hipóteses gerais que, como em qualquer metodologia científica, permitem observar diferentes fenômenos através de princípios comuns.

A interação social

Uma vez estabelecidas as especificidades das Ciências Sociais como campo de conhecimento e os princípios metodológicos através dos quais o mundo social pode ser cientificamente observado, é preciso atentar para as peculiaridades do objeto de estudo do cientista social. O que é, afinal, a sociedade? Quais são os elementos constitutivos da realidade social a ser compreendida pelo pesquisador? De que maneira podemos relacionar, para efeitos teóricos e metodológicos, os indivíduos e a sociedade que formam e pela qual são formados?

O sociólogo alemão Georg Simmel, considerado atualmente um dos fundadores da Sociologia, articula uma resposta a essas questões em torno da elaboração de um conceito crucial: o de *interação*.

Em termos gerais, podemos definir a *interação* como um processo no qual duas ou mais pessoas agem numa relação *recíproca* em determinada situação. Assim, diferentemente do *comportamento*, que inclui tudo que um indivíduo faz (se coçar, estudar, brincar), a *interação* tem um componente essencialmente *social* que faz com que as ações sejam baseadas em *trocas de significados* com as demais pessoas envolvidas naquela situação. Nesse processo, os indivíduos *influenciam-se reciprocamente*. Por exemplo, quando vamos a um restaurante agimos de acordo com nossos pressupostos a respeito do conjunto de significados que fazem parte desta situação social: recebemos o cardápio, escolhemos o prato, somos servidos, comemos e pedimos a conta. Além disso, nos vestimos de determinado modo considerado apropriado, nos comportamos à mesa segundo hábitos aprendidos anteriormente e falamos com os garçons e outras pessoas presentes no restaurante de determinada maneira. Todas essas ações se baseiam naquilo que pensamos que elas significarão para as outras pessoas que participam da situação, ou seja, esperamos que nossas ações sejam entendidas e "respondidas" conforme o contexto social. É claro que as coisas podem não "funcionar" do modo que imaginamos. Podem surgir desentendimentos ou mesmo conflitos a respeito do comportamento adequado a cada situação. Com isso, os pressupostos que temos a respeito do que deve acontecer em cada situação social podem ser modificados na própria interação social.

Todos os dias interagimos com diferentes pessoas, em diferentes situações. Movidos por impulsos (que podem ser práticos, eróticos, religiosos etc.) ou por propósitos (de defesa, de ataque, de ajuda etc.), estamos em permanente convivência com outros indivíduos, influenciando-os e sendo por eles influenciados de diversas maneiras. Somos então recorrentemente levados a buscar interações como meio de satisfazer os mais diversos interesses, criando uma verdadeira *rede de relações* entre indivíduos. É a essa rede, resultado da união entre indivíduos *em interação*, que Simmel chama de "sociedade" — uma unidade feita de indivíduos que, movidos por seus impulsos e propósitos, estão em constante processo de troca.

Nessa visão, a sociedade não é algo que existe "acima" dos indivíduos, tampouco um mero "somatório" de indivíduos. Simmel afirma que a sociedade existe onde quer que vários indivíduos entrem em interação, o que revela que, para o autor, a interação é a própria essência da sociedade, seu elemento central:

> Sociedade é, assim, somente um nome para um círculo de indivíduos que estão, de uma maneira determinada, ligados uns aos outros por efeito das relações mútuas, e que por isso podem ser caracterizados como uma unidade — da mesma maneira que se considera uma unidade um sistema de massas corporais que, em seu comportamento, se determinam plenamente por meio de suas influências recíprocas [Simmel, 2006:18].

Essa perspectiva aponta ainda para uma visão acerca do lugar dos indivíduos como elementos da análise social: não devem ser considerados entes abstratos, isolados, mas sim agentes da interação. Em outras palavras, os indivíduos despontam como elementos da reflexão sociológica desde que sejam tomados *em relação*. É nesse sentido que a sociologia deve ser compreendida não como o estudo da vida dos indivíduos (o que caberia à Biologia ou à Psicologia), mas sim como o estudo da *realidade social* formada a partir das relações por eles estabelecidas.

Tendo em vista que as situações determinadas por ações recíprocas entre os indivíduos se fazem e desfazem continuamente, de acordo com as situações cotidianas de cada um dos agentes, fica claro que a perspectiva delineada por Simmel leva à definição da sociedade como algo maleável, sempre inacabado e em permanente movimento.

Vejamos, por exemplo, a dinâmica do dia de um estudante: ao sair de casa para ir à faculdade, tomar um café na padaria, pegar uma condução e entrar na sala de aula. Inúmeras microinterações, em diferentes situações e com diferentes pessoas, foram estabelecidas e encerradas. Assim, ao tomar a sociedade como resultado dessas inúmeras e contínuas interações, Simmel acaba por defini-la como um *processo* inesgotável e ininterrupto; como um constante *acontecer*, e não como algo fixo ou acabado — daí ele preferir mesmo falar em *sociação*, para enfatizar a natureza *processual* da vida social.

As formas sociais

Partindo do pressuposto de que as Ciências Sociais estudam a sociedade e que, por sua vez, a sociedade é o resultado do movimento ininterrupto de interações, podemos concluir, logicamente, que o cientista social deve se ocupar do estudo e da compreensão de tais interações. No entanto, sabemos que a cada minuto incontáveis relações são feitas e desfeitas, ligando, desligando e religando inúmeras pessoas pelos mais diferentes motivos. Isso nos leva aos seguintes problemas: como desenvolver um conhecimento objetivo sobre a sociedade, uma vez que seria impossível investigar cada uma dessas inúmeras interações na sua singularidade para, a partir de seu conjunto, elaborar uma reflexão acerca do todo social? Como, então, abordar cientificamente esse objeto que se define por seu caráter múltiplo e fluido?

Simmel responde essas questões propondo que a Sociologia atue a partir de um método que separe, apenas para fins analíticos, o *conteúdo* e as *formas* das interações sociais.

- Os *conteúdos* (ou matérias) da interação seriam tudo aquilo que existe nos indivíduos (como instintos, interesses, finalidades, inclinações, estado psíquico etc.) e que os leva a originar ações sobre outros indivíduos ou, ainda, a receber suas influências. Os conteúdos seriam, em suma, as motivações que provocam a interação e podem se manifestar como fome, amor, trabalho, religiosidade, medo etc. No entanto, essas matérias não têm significado social por si só, abstratamente. Elas só adquirem significado quando atuam como conteúdo de interações entre sujeitos.
- As *formas sociais* seriam as diferentes maneiras pelas quais os indivíduos organizam as interações, de acordo com a motivação (o conteúdo) e a situação; as configurações momentâneas de um complexo de movimentos. Simmel dá o nome de *sociação* às formas através das quais os indivíduos estabelecem as interações do dia a dia. Assim, a sociação é a forma, realizada de diversas maneiras, na qual os indivíduos constituem uma unidade dentro da qual se realizam seus interesses.

Antes de passarmos à avaliação das possibilidades que essa diferenciação entre forma e conteúdo oferece ao estudo científico da sociedade, é importante lembrar que essa separação existe apenas no nível da abstração analítica. Sempre interagimos de determinada forma, movidos por determinado motivo, em relação a determinada pessoa, grupo ou objeto. Portanto, na realidade concreta, essas duas instâncias são indissociáveis: não existe forma social desligada de conteúdo, bem como uma matéria não pode se expressar socialmente sem uma forma que a veicule.

Voltando ao exemplo abstrato do restaurante, embora possamos imaginar formas gerais pelas quais as interações se desenvolvem nessa situação social, a atualização dessas formas — isto é, como efetivamente acontecem, em cada caso — é sempre singular. Cada visita a cada restaurante, por mais que possa guardar semelhanças, é diferente. Muitas vezes, como já chamamos atenção, a interação modifica os pressupostos que tínhamos antes de entrar nessa situação.

Um interesse, uma finalidade ou um motivo estão sempre ligados a uma forma momentânea específica de interação (uma *forma social*), "em cuja figura aquele conteúdo alcança realidade social" (Simmel, 2006:61).

Unidade I – O mundo das Ciências Sociais

Então se, como dito anteriormente, é impossível dar conta da totalidade das motivações que originam cada uma das interações que constituem a sociedade, cabe à sociologia investir no estudo das formas gerais pelas quais a unidade social se viabiliza. Ou seja, se o objeto da sociologia é a sociedade propriamente dita, seu método deve privilegiar a compreensão das *formas sociais* que, na prática, dão corpo à expressão dos conteúdos individuais.

É nesse sentido que Simmel (2006:61) afirma:

> Separar por abstração científica estes dois elementos, forma e conteúdo, que são na realidade inseparavelmente unidos; sistematizar e submeter a um ponto de vista metódico, unitário, as formas de interação ou sociação, mentalmente desligadas dos conteúdos, que só por meio delas se fazem sociais, me parece a única possibilidade de fundar uma ciência especial da sociedade como tal.

A partir dessa frase podemos ver qual é, para Simmel, o propósito e a peculiaridade de uma ciência que tenha por objeto a sociedade: o fato de ser um estudo determinado não pela análise de um conteúdo específico (como é o caso da Economia, da Teologia etc.), mas pelo estabelecimento de um ponto de vista que, por meio da *abstração,* privilegia a análise das formas sociais que fazem com que a sociedade seja possível. Nesse sentido, a especificidade da Sociologia estaria na adoção de um *método* que permite a separação entre os muitos e variáveis conteúdos da vida social e as formas pelas quais os indivíduos se relacionam.

Essa perspectiva nos permite entender por que Simmel prefere falar em "sociação" a propriamente em "sociedade": se a sociação, que corresponde às formas sociais no seu sentido abstrato, é o objeto privilegiado da investigação do cientista social, é sobre ela, e não sobre a sociedade (união que resulta daqueles perenes processos de sociação), que deve recair o foco de sua atenção.

A perspectiva sociológica por Simmel está fundada na compreensão de que o homem se define por viver em interação com outros homens. Essa postura faz com que a proposta teórica e metodológica apresentada pelo autor seja por vezes considerada de natureza *microssociológica*, já que se propõe compreender a realidade social a partir dos pequenos movimentos que se sucedem e acumulam a cada instante (as interações), e não a partir de grandes estruturas ou instituições — o Estado, as classes sociais, a família etc. —, pois elas são apenas o resultado, como que "cristalizado", de inúmeras e recorrentes microinterações cotidianas. Trata-se, nas palavras do próprio Simmel (2006:71), de

> descobrir os delicados fios das relações mínimas entre os homens, em cuja repetição contínua se fundam aquelas grandes formações que se fizeram objetivas e que oferecem uma história propriamente dita.

Partindo da análise desses pequenos fios tecidos pelas interações, e considerando-os pequenas partes do processo formal mais amplo de *sociação*, a Sociologia pode, por meio do estudo de instâncias aparentemente tão insignificantes, descobrir, afinal, o que faz com que a sociedade seja possível.

Temas para discussão

❑ Usando o exemplo da ida a um restaurante, como podemos desenvolver uma perspectiva sociológica sobre o que acontece nessa situação social? Perceber, primeiro, que todos já temos alguma visão prévia a respeito do que deve acontecer na ida a um restaurante; por outro lado, cada exemplo singular envolve interações específicas que podem alterar nossos pressupostos. Aprendemos a classificar e tipificar diversos tipos de restaurante, diversos motivos pelos quais vamos a um deles, e o que esperamos encontrar em cada caso. Explorar também exemplos específicos de desentendimentos, "gafes", incompreensões ou aprendizagem sobre "como se comportar" ou "como as coisas funcionam" num restaurante. Este exemplo pode ser adaptado para outras situações sociais — a ida a um culto religioso, uma reunião política, uma cerimônia fúnebre, uma festa de aniversário etc.

SEÇÃO 4 — A construção social da realidade[3]

A questão da realidade social

Na seção anterior vimos como as Ciências Sociais se estruturaram em torno do estudo de um objeto — a sociedade —, partindo da observação e compreensão de uma dimensão específica de análise — a realidade social. Vimos ainda que a abordagem científica de tal objeto tem uma peculiaridade: o fato de ele ser previamente dotado de significado para as pessoas que o constituem. Isso faz com que o cientista social tenha de lidar com duas dimensões de compreensão, a sua própria e a dos agentes envolvidos nas ações que busca analisar.

Uma vez compreendidos os princípios sobre os quais se baseiam as Ciências Sociais, adentremos agora em uma análise mais detida acerca do objeto de estudo. O que é, afinal, a "realidade social"? Como, onde e quando ela se conforma? Quais de suas manifestações são incorporadas ao universo de interesse das Ciências Sociais?

Para responder a tais questões é preciso retomar a premissa apontada por Georg Simmel, segundo a qual a Sociologia se ocupa, primordialmente, do estudo dos indivíduos *em relação* uns com outros. Isso significa que o estudo da sociedade se define pela atenção às *interações* estabelecidas pelos indivíduos no curso de sua *vida cotidiana*, a partir das quais se forma esse todo contínuo que identificamos como "mundo social" ou *realidade social*. Percebemos, portanto, que o estudo da sociedade se ampara em três elementos essenciais e indissociáveis: realidade social, vida cotidiana e interação.

A compreensão da sociedade como objeto passível de ser cientificamente estudado demanda, inicialmente, a análise de cada um desses três elementos-base, bem como da relação entre eles. Assumir tal ponto de partida implica, entre outras coisas, admitir que a sociedade é um produto humano e que o conhecimento sobre ela — seja ele com propósitos científicos ou meramente práticos, para efeitos de sobrevivência — é um fator fundamental do processo de construção do todo social. Tal constatação

---

[3] Texto de referência: Berger e Luckmann (2002:46-53).

pode parecer um tanto abstrata, mas, se a trouxermos para o plano da nossa vivência diária, as proposições ficam, certamente, bem mais claras.

Iniciemos com a análise de um daqueles elementos — justamente o que parece mais imediato e até mesmo mais concreto entre os três: a noção de realidade. Você sabe definir o que é a realidade? Podemos dizer, de maneira bastante simples, que é aquilo que existe; o que está ao nosso redor e que, palpável ou não, sabemos que está ali. Mas será que essa definição é suficiente para entendermos o conceito de "realidade social"?

De acordo com os sociólogos Peter Berger e Thomas Luckmann, em seu clássico livro *A construção social da realidade*, a noção de real deve ser tomada sempre em relação a outro conceito: o de *conhecimento* (Berger e Luckmann, 2002:11):

❏ a *realidade* é uma "qualidade pertencente a fenômenos que reconhecemos terem um ser independente de nossa própria volição (não podemos 'desejar que não existam')";
❏ o *conhecimento* é "a certeza de que os fenômenos são reais e possuem características específicas".

A realidade aparece, nesse sentido, como produto de uma construção social específica, baseada num corpo de conhecimentos contextualmente determinados que a reconhece enquanto tal. Por exemplo: aquilo que um monge tibetano toma como "real" pode não ser "real" para um executivo norte-americano, cujo conhecimento remete a um leque de valores e referências bastante diverso daquele vivenciado pelo monge. Seus conhecimentos são diferentes, o que acaba por determinar que suas concepções de realidade sejam igualmente diversas. Daí podemos concluir, como ponto de partida, que:

❏ tanto a realidade quanto o conhecimento são relativos (ou não absolutos);
❏ tanto a realidade quanto o conhecimento são construídos socialmente;
❏ essa construção é influenciada pelo corpo de conhecimentos do grupo que a define.

Por isso, em vez de afirmar a existência de uma única realidade *sui generis*, de existência universal e inquestionável, as Ciências Sociais elaboram

UNIDADE I – O MUNDO DAS CIÊNCIAS SOCIAIS

sua observação e sua análise em torno da ideia de realidade *social*. Isso significa que, para o cientista social, a realidade não é tomada como um dado em si, mas como algo socialmente produzido e partilhado entre os diferentes indivíduos que compõem o grupo ao qual se refere. É importante atentarmos para o fato de que a realidade social deve ser, por definição, partilhada, mesmo que de forma conflituosa ou desigual; ou seja, de que uma crença individual não pode, nos termos da análise sociológica, ser tomada como *a* realidade social.

A partir dessas considerações podemos nos perguntar sobre o processo de conformação da realidade social de um contexto específico. Como ela se estabelece? De que maneira os diferentes indivíduos de uma mesma sociedade criam relativo consenso em torno da ideia do que é a realidade? A partir da obra de Berger e Luckmann, podemos identificar três etapas fundamentais à constituição da realidade social. São elas:

❏ externalização: o estabelecimento de uma realidade social depende de que os indivíduos se comuniquem física e mentalmente com outras pessoas de sua sociedade; ou seja, de que haja interação;
❏ objetivação: a realidade social se forma a partir do momento em que os significados subjetivos se tornam coisas factíveis, objetivas. Por exemplo: o papel-moeda passa a carregar objetivamente o valor que lhe é conferido de acordo com um sistema subjetivo de atribuição;
❏ internalização: a realidade social se cristaliza quando os indivíduos a ela referidos incorporam os significados objetivados (como o valor do papel-moeda) às suas estruturas subjetivas (consciências), fazendo com que tais significados conduzam suas ações no processo de *interação*.

A externalização, a objetivação e a interiorização funcionam como um ciclo ininterrupto, através do qual a realidade social é incessantemente produzida e reproduzida pelos membros da sociedade. No entanto, o esquema acima proposto deixa ainda aberta a seguinte pergunta: como os significados subjetivos se transformam em "coisas" objetivas? Ou, em outras palavras, *por que o mundo social parece real para as pessoas que dele participam?*

Essa questão nos leva diretamente à análise do segundo elemento sobre o qual se ampara o estudo da sociedade: a vida cotidiana. Conforme destacam Berger e Luckmann, a *realidade social* corresponde à *realidade da vida cotidiana* e é produto direto do conhecimento que rege a conduta dos indivíduos em sua vivência diária. Ou, nas palavras dos autores (Berger e Luckmann, 2002:36),

> [o] mundo da vida cotidiana não somente é tomado como uma realidade certa pelos membros ordinários da sociedade na conduta subjetivamente dotada de sentido que imprimem a suas vidas, mas é um mundo que se origina no pensamento e na ação dos homens comuns, sendo afirmado como real por eles.

Por isso, ainda de acordo com os autores (Berger e Luckmann, 2002: 40-41),

> *A* realidade da vida cotidiana é admitida como sendo a realidade. Não requer maior verificação, que se estenda além de sua simples presença. Está simplesmente aí, como facticidade evidente por si mesma e compulsória. Sei que é real.

Isso significa que é na esfera da vida cotidiana, no âmbito das microrrelações e interações diárias, que a realidade social passa a atuar como um repertório válido e concreto para seus usuários, engendrando infinitamente os processos de externalização, objetivação e internalização. Nesse sentido, a vida cotidiana corresponde à própria realidade para os indivíduos que dela participam. Isso porque, independentemente das crenças e certezas individuais, no universo da interação cotidiana existe uma realidade primordial, uma realidade previamente ordenada e objetivada, da qual participam os mais diversos membros daquela sociedade. O mundo da vida cotidiana se apresenta tão real para mim quanto para os outros; é um mundo *em comum*.

Essas características fazem com que a realidade da vida cotidiana seja apresentada a cada um de nós como um mundo *intersubjetivo*, ou seja, um mundo do qual participamos juntamente com outras pessoas. Quando sonhamos, por exemplo, vivenciamos uma realidade cujos significados dizem respeito apenas à nossa consciência individual, o que não acontece nas

UNIDADE I – O MUNDO DAS CIÊNCIAS SOCIAIS

atividades que tomam lugar no nosso dia a dia. Nas ações cotidianas, apesar de agirmos conforme motivações próprias, subjetivas, estabelecemos interações feitas a partir de padrões comuns de conduta, cujos significados fazem parte de uma realidade compartilhada.

É importante perceber, no entanto, que esse caráter coletivo da realidade cotidiana — que faz dela *a* realidade social — não se traduz numa homogeneização das percepções dessa mesma realidade. Cada indivíduo tem uma perspectiva sobre o mundo social diferente dos demais, apreendendo os elementos a seu redor conforme um "aqui" e um "agora" que dizem respeito apenas à sua vivência subjetiva. Justamente por se constituir num mundo feito de subjetividades em constante diálogo e negociação, estabelecidas conforme um conhecimento e uma linguagem comuns, a vida cotidiana deve ser tomada como uma realidade *intersubjetiva*.

Mas de que maneira acontecem esses diálogos e negociações entre diferentes subjetividades? Como se estabelece essa verdadeira teia intersubjetiva de relações, sem que seja posta em risco a supremacia da realidade social (ou da realidade da vida cotidiana)? As perguntas nos levam à análise do terceiro elemento-base ao estudo da sociedade: a *interação*. Veremos, na próxima seção, de que forma Berger e Luckmann abordam essa questão.

SEÇÃO 5 – Interação social, tipificação e institucionalização[4]

Interação social e tipificação

Partindo do princípio de que a *realidade social* de que trata a Sociologia corresponde à *realidade da vida cotidiana*, e que esta, por sua vez, se define por ser partilhada entre *eu* e os *outros*, resta saber de que modo os *outros* são experimentados na vivência diária de cada membro da sociedade. Em outras palavras, para compreendermos a realidade social que tomamos como objeto de estudo, é preciso pensar sobre as *interações* por meio das quais os indivíduos constroem sua realidade cotidiana.

---

[4] Texto de referência: Berger e Luckmann (2002:77-95).

Berger e Luckmann sugerem abordar essa questão através da análise de duas formas elementares de relação eu-outro, e que representam os dois polos de um mesmo contínuo: as interações face a face e as interações de anonimato.

De acordo com os autores (2002:47), "a mais importante experiência dos outros ocorre na situação de estar face a face com o outro, que é o caso prototípico da interação social". Nesse tipo de relação, duas ou mais pessoas compartilham um mesmo presente, contrapondo, simultaneamente, seus "aqui e agora". Há uma negociação direta de subjetividades. Por exemplo, no caso de uma conversa entre A e B, em que os interlocutores captam as sucessivas manifestações e expressões do outro a partir de suas impressões subjetivas, num processo simultâneo e, sobretudo, recíproco: A diz algo para B que, por sua vez, responde com um sorriso; a reação provoca um sorriso em A, o que leva B a fazer um comentário; e assim por diante.

No entanto, apesar de as relações face a face constituírem o modelo mais típico de interação cotidiana — e serem, portanto, o principal veículo do diálogo intersubjetivo que conforma a realidade social —, o fato de serem extremamente flexíveis faz com que elas, por si sós, não deem conta de impor os padrões necessários ao estabelecimento de uma estrutura social (ou de uma realidade comum aos integrantes daquela sociedade). Quando conversamos com alguém, oferecemos e recebemos continuamente inúmeros significados subjetivos, o que faz com que nossas impressões sobre o outro possam variar inúmeras vezes ao longo da interação. Numa situação face a face é comum, por exemplo, mudarmos nossa opinião prévia sobre alguém, o que nos leva a rever a expectativa inicial com a qual nos aproximamos daquela pessoa.

De que maneira, então, a realidade da vida cotidiana se mantém como algo válido e compartilhado entre os muitos membros de um grupo? Como é possível identificar um padrão de realidade social se sua substância mais imediata — as interações face a face — são tão suscetíveis a mudanças?

Berger e Luckmann respondem a tais questões afirmando que todas as interações são mediadas por esquemas *tipificadores*, que padronizam as relações em curso na vida cotidiana, oferecendo aos interlocutores um cor-

Unidade I – O mundo das Ciências Sociais

po predeterminado de conhecimentos através do qual cada um vivencia a experiência do *outro*. De acordo com os autores (Berger e Luckmann, 2002:49), "[a] realidade da vida cotidiana contém esquemas tipificadores em termos dos quais os outros são apreendidos, sendo estabelecidos os modos como lidamos com eles nos encontros face a face".

Isso significa que, antes mesmo de entrar em contato com o *outro*, temos prenoções socialmente compartilhadas que nos levam a vê-lo inicialmente como um "tipo", no sentido de ser representante considerado "típico" de um grupo que tornamos mais homogêneo do que as inúmeras variações existentes na realidade para que possamos melhor compreendê-la. Assim, quando estabelecemos uma interação com alguém que não conhecemos, nos apegamos a classificações como "mulher", "homem", "velho", "estudante", "comerciante", "adolescente", "europeu", "caipira" etc., moldando nosso comportamento conforme o que acreditamos ser as características da categoria atribuída ao interlocutor.

Desta maneira, o *outro* é sempre percebido de acordo com *tipificações* socialmente construídas, que atuam como "padronizadores" do que acontece na vida cotidiana. No entanto, apesar de os esquemas tipificadores afetarem continuamente nossas interações, é importante perceber que também são passíveis de ser alterados no próprio curso da interação. Podemos, por exemplo, nos dirigir a alguém por nós tipificado como "velho" e, ao longo da conversa, perceber que o interlocutor não se encaixa bem nas características que atribuímos à categoria inicialmente imputada a ele. Da mesma forma, somos apreendidos pelos *outros* como tipos e podemos, no decorrer da interação, modificar o esquema segundo o qual fomos inicialmente classificados.

Isso mostra que os esquemas tipificadores estão em diálogo constante e recíproco, fazendo com que a realidade social seja incessantemente negociada e construída no curso das interações face a face.

E o que acontece com as tipificações no caso das interações marcadas pelo anonimato, ou seja, aquelas em que o *outro* é percebido como um "mero contemporâneo", alguém com o qual compartilho apenas um mesmo tempo e espaço? Os autores afirmam que, na impossibilidade da negociação direta proporcionada pela interação face a face, as tipificações se tornam progressivamente anônimas, passando a se referir a tipos cada vez mais genéricos. Apesar de toda tipificação ter, naturalmente, um grau de "anonimidade" inicial (através do qual moldo meu comportamento imediato com relação aos outros), as relações travadas no contato direto permitem que os tipos sejam flexibilizados e até mesmo alterados. Já nas interações marcadas pela distância, ou mesmo pela fugacidade, nas quais não existe contato direto e/ou prolongado com a subjetividade do *outro*, as tipificações tendem a se manter mais genéricas e estáticas. Daí surgem tipificações como, por exemplo, "os ingleses são pontuais", "os paulistas são apressados", "os baianos são preguiçosos", "as mulheres dirigem mal" etc.

Berger e Luckmann nos chamam ainda a atenção para o fato de que tais tipificações derivam de diferentes graus de anonimato: há aquelas pessoas com quem encontro regularmente sem que, no entanto, estabeleça uma relação direta mais profunda (como o garçom de um bar que frequento ou um colega da faculdade com o qual nunca conversei); aquelas com quem encontrei uma vez e é pouco provável que volte a encontrar (como um passageiro sentado ao meu lado no ônibus); ou ainda aquelas cuja existência me é bastante concreta, apesar de muito distante (como o presidente dos Estados Unidos ou um astro do futebol).

Nesse sentido, a realidade social da vida cotidiana, enquanto construção intersubjetiva, é percebida pelos membros da sociedade como um "contínuo de tipificações, que se vão tornando progressivamente anônimas à medida que se distanciam do 'aqui' e 'agora' da situação face a face" (Berger e Luckmann, 2002:52). Vejamos, agora, de que maneira as tipificações conseguem operar padronizações aceitas pelo todo social, de modo a constituir, a partir das interações cotidianas, a "estrutura social" de um grupo.

Interação social e institucionalização

Pare por um minuto e reflita sobre seu dia a dia. Quantas das suas ações são repetidas cotidianamente, feitas da mesma forma, numa ação quase automática? A essas atividades frequentemente repetidas de acordo com um padrão chamamos "hábito", e elas podem permear tanto as ações sociais quanto as individuais. Em suma, podemos dizer que *toda atividade humana está sujeita ao hábito*.

Mas qual o papel social do hábito? Por que o incluímos de maneira tão profunda em nossas vidas cotidianas? Pensemos em uma situação bastante trivial: os atos que se sucedem entre o momento em que acordamos e a saída para a faculdade. Do vestir-se até o escovar os dentes, passando pelo café da manhã, cada uma dessas atividades pode ser feita de inúmeras maneiras distintas. Quando realizamos cada uma dessas ações de acordo com um hábito já previamente estabelecido, estreitamos sobremaneira o leque de opções, livrando-nos da carga de, diariamente, tomar decisões sobre como proceder em cada uma das etapas da rotina matinal.

O hábito fornece um padrão a partir do qual os agentes aprendem "como as coisas são", sem que cada situação tenha de ser definida de novo, etapa por etapa, cada vez que acontece. Portanto, podemos dizer que, diante das situações apresentadas no decorrer da vida cotidiana, recorremos a um "estoque" social de conhecimento que fornece os *esquemas tipificadores* para as principais rotinas que preenchem o dia a dia. Isso significa que as tipificações não se restringem ao âmbito das interações sociais, valendo também como instrumento de padronização de acontecimentos e experiências.

É a esses processos de formação de hábitos que Berger e Luckmann denominam *institucionalização*; ou seja, afirmam que as instituições têm origem na tipificação de ações habituais. Vejamos abaixo quais são, de acordo com os autores, as principais características dessas instituições.

❑ *Devem ser acessíveis a todos os membros do grupo social em questão*. São, portanto, necessariamente partilhadas e têm no princípio da reciprocidade um elemento fundamental.
❑ *Tipificam os atores e as ações individuais*. Isso significa que os atores envolvidos na instituição serão tipificados de acordo com suas regras, o que se refletirá nas ações que cada um desenvolverá.
❑ *Implicam historicidade*. Ou seja, são criadas ao longo de uma história compartilhada pelos membros do grupo
❑ *Implicam controle social*. Estabelecem padrões predefinidos de conduta humana, exercendo, assim, controle sobre os indivíduos.

Uma vez obedecidos esses quatro princípios, as ações tipificadas passam a atuar como instituições sociais. As rotinas que abrigam tais ações são, então, tidas como "certas" e "naturais" pelos atores, que as praticam de forma quase automática, conferindo-lhes baixo índice de atenção. É importante também entender o processo através do qual as instituições se consolidam, deixando de ser uma entre as tantas opções para figurar como *a* maneira correta de fazer tal coisa. Segundo os autores, as instituições se cristalizam à medida que se repetem e vão, pouco a pouco, abarcando um número cada vez maior de pessoas em seus padrões de conduta, chegando a atuar sobre diferentes gerações. Conforme ganham historicidade, as instituições passam a ser experimentadas como algo que existe para além dos indivíduos, como se possuíssem vida própria.

Com isso, as instituições e os hábitos que a compõem, ao serem tomados como algo "natural" e mesmo "automático" por seus agentes, acabam por apresentar um forte caráter coercitivo, já que parecem existir independentemente de suas ações. Quando nasce uma criança, o mundo que lhe é apresentado pelos pais parece uma realidade já dada e, portanto, o mundo social se apresenta a ela como algo pronto, com padrões de conduta já estabelecidos e dentro dos quais ela deverá se socializar. É nessa perspectiva que Berger e Luckmann defendem que só é possível falar em um "mundo social" no sentido de uma realidade ampla e dada, com a qual o indivíduo se defronta de maneira análoga à realidade do mundo natural.

O mundo institucional é, portanto, vivenciado na experiência cotidiana como uma realidade objetiva. Dessa forma, as instituições, bem como na definição de "realidade" apresentada no início do capítulo, são fenômenos que reconhecemos ser independentes de nossa vontade; ou seja, são exteriores ao indivíduo e resistem a suas tentativas de alterá-las ou de ignorá-las. Ou seja, as instituições são parte fundamental daquilo que chamamos de "realidade social".

Mas não podemos perder de vista que, apesar da "naturalidade" com que as instituições se apresentam como fatos reais aos indivíduos, elas são parte do mundo social e, portanto, produto das interações humanas. Nesses termos, os autores alertam para o fato de que o processo de institucionalização origina um paradoxo "que consiste no fato de o homem ser capaz de produzir um mundo que em seguida experimenta como algo diferente de um produto humano" (Berger e Luckmann, 2002:87).

Diante da armadilha da naturalização proporcionada pela institucionalização de determinadas tipificações, cabe ao cientista social ter em mente que a relação entre o homem (produtor) e o mundo social (seu produto) é essencialmente dialética. Em outras palavras, o cientista social deve olhar para o homem e para o mundo social ciente de que atuam reciprocamente um sobre o outro. Não podemos, portanto, refletir separadamente sobre as estruturas sociais e a consciência individual, uma vez que são instâncias intrinsecamente relacionadas e constituem, ambas, fatores de igual importância no processo de construção social da realidade.

Tema para discussão

❏ Utilizando como base a ideia de *tipificação* apresentada por Berger e Luckmann, pesquise em matérias de jornais e revistas *exemplos de tipificações* sobre indivíduos ou instituições.

SEÇÃO 6 — Max Weber e os tipos ideais de dominação[5]

Sobre o rigor na ciência

O escritor argentino Jorge Luís Borges (1889-1986), autor de uma das mais importantes obras da literatura moderna, escreveu um pequeno porém muito interessante conto, "Do rigor na ciência":

> Naquele Império, a Arte da Cartografia alcançou tal
> Perfeição que o mapa de uma única Província ocupava
> toda uma Cidade, e o mapa do Império, toda uma
> Província. Com o tempo, esses Mapas Desmesurados
> não foram satisfatórios e os Colégios de Cartógrafos
> levantaram um Mapa do Império, que tinha o tamanho

---

[5] Texto de referência: Weber (1979:128-141).

do Império e coincidia pontualmente com ele. Menos
Afeitas ao Estudo da Cartografia, as Gerações
Seguintes entenderam que esse dilatado Mapa era Inútil
e não sem Impiedade o entregaram às Inclemências do
Sol e dos Invernos. Nos desertos do Oeste perduram
despedaçadas Ruínas do Mapa, habitadas por Animais e
por Mendigos; em todo o País, não há outra relíquia das
Disciplinas Geográficas.
(Obras completas, v. 2, São Paulo: Globo, 2000)

O conto de Borges trata dos limites do conhecimento em geral, da ciência em particular, e da impossibilidade de atingirmos um conhecimento que seja uma reprodução perfeita, uma cópia da realidade. Para Borges, a ciência não deve pretender coincidir pontualmente com a realidade. Ela implica sempre um movimento de redução, de seleção e exagero de determinados aspectos. Só dessa forma o "real" pode ser intelectualmente apreendido.

A ciência social weberiana

O conto de Borges e aquilo que foi discutido nos capítulos anteriores sobre as Ciências Sociais como ciências da compreensão e os processos de tipificação e institucionalização inerentes à vida em sociedade ajudam-nos a melhor compreender a perspectiva sociológica adotada pelo sociólogo alemão Max Weber.

Weber foi um dos "pais fundadores" da disciplina. Sua grande contribuição à disciplina foi o desenvolvimento de um olhar sobre a sociedade, cujo enfoque recai sobre a **ação social**, rejeitando a exterioridade do cientista social em relação ao seu objeto de estudo.

Considerada *conduta humana dotada de sentido*, a **ação social** é o objeto privilegiado da Sociologia de Weber, que leva ao centro da reflexão a instância da *subjetividade*. Isso significa que, na Sociologia weberiana, a sociedade não "paira" sobre os indivíduos nem lhes é superior. A organização social, nas suas regras e normas, é vista como resultado de um conjunto complexo de ações nas quais os *indivíduos* escolhem distintas formas de conduta.

É importante lembrar que nem todo comportamento pode ser qualificado como **ação social** — portanto como objeto sociológico —, mas apenas aquelas condutas às quais o ator atribui um significado (ou sentido) próprio, relacionando-o com o comportamento das demais pessoas, ou seja, com o mundo social. Por exemplo, quando uma pessoa pisca sem intenção (por um tique nervoso ou por causa de uma irritação nos olhos) não existe uma conduta socialmente significada; por outro lado, quando alguém pisca um dos olhos com o intuito de comunicar-se silenciosamente com seu interlocutor existe um simbolismo socialmente reconhecido na piscadela, que, nesse caso, constitui uma ação social passível de análise pelo pesquisador.

Em outras palavras, para Weber a Sociologia é uma ciência que procura entender a ação dos indivíduos enquanto conduta socialmente significada. Por isso, ele toma o indivíduo e suas ações como chave privilegiada da análise, evidenciando o ponto de partida para a *sua* Sociologia: a compreensão do sentido que a pessoa atribui à sua conduta, inevitavelmente referida ao contexto temporal e espacial do agente. É justamente essa ênfase sobre a compreensão dos sentidos conferidos pelos atores à ação social que faz com que a perspectiva weberiana seja considerada "sociologia compreensiva" ou "sociologia da ação".

Weber e a objetividade nas Ciências Sociais

O domínio do trabalho científico não tem por base as conexões "objetivas" entre as "coisas" mas as conexões conceituais entre os problemas [Weber, 1992:121].

O compromisso da Sociologia weberiana recai sobre o estudo de "homens reais" que agem em condições sociais e momentos históricos definidos. Isso fica claro em sua afirmação de que a Ciência Social que pretende praticar é uma "ciência da realidade". Fica assim explícita sua preocupação com a análise de realidades empíricas concretas, tornadas significativas por agentes historicamente situados cujas ações compõem a totalidade do mundo a ser compreendido.

Tais características revelam a ponte entre universo teórico e realidade social que perpassa todo o pensamento de Weber, para quem nenhum fenômeno pode ser explicado por sua essência abstrata. São os agentes concretos, historicamente localizados e agindo conforme valores diversos que constroem, de modo mais ou menos consciente, tudo o que é social e culturalmente significativo. Na análise de Weber, categorias conceituais sociológicas como Estado, nação ou família são formuladas tendo em vista sua relação com as ações sociais concretas.

Com essa postura, Weber abre as portas da Sociologia ao universo subjetivo das motivações e valores individuais sem, no entanto, perder de vista o cenário mais amplo da sociedade como um todo.

Mas como manter o postulado científico numa Sociologia que parte fundamentalmente da análise das ações das pessoas?

Antes de responder a essa pergunta nos termos de Weber, é preciso reforçar que, para ele, não há neutralidade no conhecimento sociológico, pois:

❑ os fatos sociais não são coisas. São acontecimentos que o cientista percebe e tenta desvendar;
❑ todo cientista age guiado por seus motivos, por sua cultura, por sua tradição. É impossível descartar-se completamente de suas prenoções, mas apenas controlá-las.

Weber não hesita em afirmar que é possível desenvolver um conhecimento objetivo, científico, sem abrir mão do postulado de que a análise sociológica só é viável se referida a valores e interesses. O autor lembra, ainda, que esses mesmos valores e interesses não podem ser entendidos e classificados segundo critérios objetivos. Estaríamos, portanto, diante de um impasse: *se o objeto da sociologia é assumidamente subjetivo, como extrair dele uma compreensão que responda às ambições objetivistas da ciência?*

UNIDADE I – O MUNDO DAS CIÊNCIAS SOCIAIS

Weber não encontra a solução para essa questão na eliminação de toda e qualquer referência a valores ou pela busca por um olhar imparcial. Tampouco resolve o problema hierarquizando ou escolhendo um entre os muitos valores e interesses em jogo como o mais verdadeiro ou legítimo. Com essas negativas, tira das Ciências Sociais qualquer proposição que busque definir de modo geral qual a lógica da história, qual o sentido estrutural da sociedade ou qual a dinâmica última das ações individuais. Aceitar isso levaria à suposição de uma realidade atemporal e naturalmente dada, subjacente e determinante dos fenômenos empíricos. Weber não acredita nesses determinantes e defende que não seria possível defini-los de modo objetivo, verificável segundo as regras da ciência.

A resposta de Weber à aparente contradição do problema da objetividade do conhecimento sociológico se situa no plano *metodológico*. É na metodologia que a Sociologia weberiana encontra instrumentos para que o cientista possa estudar fenômenos particulares e subjetivos sem perder a referência ao todo social e ao processo histórico. O principal e mais conhecido instrumento metodológico de Weber é o *tipo ideal*, que responde a duas funções:

❑ selecionar e explicitar a dimensão a ser estudada do objeto em análise;
❑ apresentar a dimensão selecionada de forma "pura", livre das suas particularidades concretas.

Com o método de "construção de tipos ideais", Weber parte da ação social, sua unidade analítica básica, para alcançar unidades lógicas mais abrangentes. Os tipos ideais surgem então como guia de orientação ao cientista na compreensão da ação social, fazendo do *método a condição de cientificidade da Sociologia weberiana*.

Os tipos ideais

Weber parte da premissa de que o mundo conceitual nunca poderá dar conta do mundo real, mas apenas fornecer bons instrumentos para compreendê-lo. Foi com esse princípio que desenvolveu o tipo ideal (ou *Idealtyp*, no original em alemão) como solução para o debate entre:

- uma ciência social de tendência individualista e particular;
- uma ciência social positivista, preocupada em descobrir leis científicas gerais aplicáveis à dinâmica da sociedade.

Os tipos ideais aparecem então como mediação conciliadora entre os dois polos da análise sociológica: o geral e o particular.

A ferramenta do tipo ideal aplica-se, portanto, às múltiplas situações concretas da realidade social — tão diversas e mutáveis — sem perder sua dimensão particularizante. Nas palavras de Weber, a construção de tipos permite trabalhar uma abstração que converte a realidade num *objeto categorialmente construído*.

Nessa sua relação instrumental com o mundo real, os tipos ideais são concebidos a partir de características selecionadas de um dado fenômeno sem, no entanto, assumir a totalidade dos traços de um caso particular. Isso significa que o tipo ideal não opera através da eleição de um modelo já pronto existente na realidade como exemplo ou metonímia, tampouco se confunde com uma proposta de perfeição, de dever ser ou mesmo uma descrição da média. Em suma, o uso do tipo ideal como método de apreensão e interpretação de fenômenos sociais propõe reunir elementos comuns à maioria dos casos observados, de modo a, de certa maneira, acentuá-los e "exagerá-los". Assim, busca-se construir um modelo conceitual inexistente no plano do real, porém verossímil enquanto ferramenta científica que auxilie a compreensão da realidade.

Obtém-se um tipo ideal mediante a acentuação unilateral de um ou vários pontos de vista, e mediante o encadeamento de grande quantidade de fenômenos isoladamente dados, difusos e discretos, que se podem dar em maior ou menor número ou mesmo faltar por completo, e que se ordenam segundo os pontos de vista unilateralmente acentuados, a fim de se formar um quadro homogêneo de pensamento. Torna-se impossível encontrar empiricamente na realidade esse quadro, na sua pureza conceitual, pois se trata de uma utopia. A atividade historiográfica defronta-se com a tarefa de determinar, em cada caso particular, a proximidade ou afastamento entre a realidade e o quadro ideal [...] Ora, desde que cuidadosamente aplicado, esse conceito cumpre as funções específicas que dele se esperam, em benefício da investigação e da representação [Weber, 1986:106].

Por essas características, o tipo ideal, enquanto método, apresenta significativas vantagens sobre conceitos excessivamente generalizantes ou abstratos e também sobre os inúmeros exemplos históricos específicos. Ao condensar generalidade e particularidade, o instrumento weberiano pode ser usado tanto na reflexão sobre fenômenos amplos e supra-históricos (como o capitalismo) quanto na leitura de contingências específicas (como a relação entre a ética do protestantismo na sua relação com o desenvolvimento do capitalismo moderno).

Uma vez expostos o objeto e o método por excelência da Sociologia weberiana (a ação social e a construção de tipos ideais, respectivamente), podemos partir de uma construção tipológica do próprio autor para exemplificar como essas duas dimensões interagem na sua proposta de análise social. Ao dividir as ações sociais entre os quatro tipos a seguir, Weber dá uma amostra de como seu instrumento conceitual pode ser empregado na investigação de fenômenos particulares de modo a proteger o pesquisador de se perder em meio à infinidade de seus aspectos concretos.

❑ *Ação racional relativa a um objeto* (zweckrational): é uma ação concreta com fim específico e se caracteriza pela escolha racional de meios adequados para alcançá-lo. O critério para seleção dos meios é exclusivamente a capacidade de realização do objetivo traçado, e, nesse sentido, qualquer meio é válido desde que eficiente. Exemplos: o engenheiro que constrói uma ponte; o empresário que visa multiplicar os lucros etc.

❑ *Ação racional relativa a valores* (wertrational): ao contrário do tipo anterior, aqui o fim a ser alcançado é um valor que pode ter conteúdo ético, moral, religioso, político ou estético. A ação é guiada racionalmente pelos valores que a orientam e, desde que fiel a eles, o comportamento é válido por si mesmo. Esse tipo de ação social pode pender para a irracionalidade conforme o nível de adesão do ator a valores absolutos, uma vez que seu objetivo último é o de permanecer fiel à honra. Exemplos: o político que prefere perder as eleições a renegar sua ideologia; o soldado que decide morrer em combate para não se entregar ao inimigo etc.

❏ *Ação afetiva* (affektual): esse é um tipo de ação não racional, mobilizada por emoções imediatas, tais como vingança, desespero, admiração, orgulho, medo, inveja ou entusiasmo. Na ação afetiva o ator segue um impulso e não elabora as consequências da sua ação. É diferente da "racional referente a valores" porque, nesta última, o agente elabora racionalmente o sentido de sua ação de modo que sua conduta seja fiel aos valores que o mobilizam. A ação afetiva parte de uma reação emocional em dada circunstância e não em relação a um objetivo ou a um sistema de valor. Exemplo: um crime passional.

❏ *Ação tradicional* (traditional): assim como a ação afetiva, a ação tradicional não é racional. É ditada pelos hábitos, costumes e crenças transformados em reflexos pela prática recorrente. Esse tipo de ação corresponde à continuidade de uma tradição por si só, sem qualquer vínculo direto com um objeto, valor ou emoção. Exemplo: pessoas que se casam na igreja e batizam os filhos sem nunca terem sido religiosas, mas apenas porque "todo mundo" o faz.

Como podemos ver, o tipo ideal não descreve um curso concreto de ação, mas sim um desenvolvimento "objetivamente possível" da mesma. É nesse sentido que podemos afirmar que o tipo ideal é um conceito vazio de conteúdo real, motivo pelo qual não constitui uma hipótese ou uma proposição, mas sim um *guia* para elaboração de hipóteses e proposições. Por essa razão, ao tipo ideal não cabem qualificações como "falso" ou "verdadeiro", sendo mais adequados adjetivos como "válido" ou "não válido", conforme sua utilidade para a compreensão significativa dos acontecimentos estudados pelo investigador. Assim, os quatro tipos de ação social descritos são, segundo o próprio Weber, puramente conceituais e não são encontrados na sociedade em sua forma pura. Ao contrário, quando analisadas segundo essa tipologia, as atividades encontradas no mundo social revelam-se configurações híbridas com grande fluidez nas fronteiras entre os tipos. Podem aproximar-se mais ou menos de cada um dos tipos de ação, combinando-os com mais elementos de um ou de outro.

Em suma, os tipos ideais weberianos são instrumentos heurísticos (servem para produzir conhecimento sobre determinado tema). Isso significa que não se confundem com a descrição de um aspecto da realidade ou com um exemplo da mesma. Enquanto fim (e não enquanto meio), os tipos ideais auxiliam na descrição e na explicação do fenômeno analisado, reafirmando a premissa weberiana de que a objetividade da pesquisa sociológica está em seu método e não na objetividade pura dos fatos.

Um exemplo: os tipos ideais de dominação legítima

Entre as tantas tipologias desenvolvidas por Weber a partir da metodologia antes descrita, a mais conhecida delas é, sem dúvida, aquela referente ao fenômeno da dominação legítima. Sempre atento às ações humanas e seus significados sociais e subjetivos, Weber encontrou, no exercício do poder (e do seu espelho invertido, a subordinação), uma riquíssima fonte de análise. A dominação, enquanto mobilização da validade de uma ordem legítima, é onipresente nas organizações sociais e se manifesta sob as mais diversas formas concretas, correspondendo a uma clara mediação entre os planos individual e social.

A quem se obedece? Por quê? Qual a natureza e a forma dessa obediência? Essas são algumas das inúmeras questões enfrentadas pela Sociologia diante da organização político-social de um grupo. Ao usar o instrumento dos tipos ideais para abordar essa questão, Weber centrou-se num único elemento a partir do qual problematizou a dominação como fenômeno carregado de significado social: a fonte da *legitimidade* do poder em exercício.

Antes de passsarmos às descrições de cada um dos tipos desenvolvidos por Weber, é importante destacar como esse autor entende a dominação dentro dos pressupostos da sua Sociologia compreensiva. Segundo Weber, o conceito de dominação designa a *probabilidade de encontrar obediência a uma ordem de determinado conteúdo.* Fica claro que essa definição implica a existência de um dominante e um dominado, numa estrutura fundamentalmente relacional que ressalta, mais uma vez, o enfoque weberiano sobre as malhas de ações que medeiam a dialética entre o social e o individual.

Assim, ao criar tipos de dominação legítima, Weber acaba por oferecer também uma tipologia da subordinação, uma vez que a legitimidade e efetividade da ordem dependem de motivações que determinam a vontade de obedecer. De maneira geral, podemos dizer que a obediência a uma ordem — e o consequente sucesso da dominação — observa dois princípios básicos:

❑ pode fundar-se em diversos motivos de submissão (interesses, costume ou afeto);
❑ a crença na sua legitimidade é fundamental ao seu exercício.

A legitimidade da autoridade da qual emana a ordem a ser seguida é tratada por Weber como uma *crença social* compartilhada pelo grupo disposto a obedecer. Nesse sentido, ao submeter-se à dominação de outrem, os indivíduos agem conforme essa crença, que corresponde a uma predisposição a endossar o poder concentrado nas mãos dos dominantes. A partir dessas considerações, o autor delineou três tipos ideais para descrever esse fenômeno, acentuando deliberadamente certos traços de cada um deles, conforme as premissas da sua metodologia.

❑ *Dominação legal:* Nesse tipo de dominação, a legitimidade provém de um poder abstrato e impessoal. Isso significa que o poder fica fundamentalmente ligado à função exercida pela autoridade, dissociando-se da pessoa que a encarna, ou seja, "obedece-se não à pessoa em virtude de seu direito próprio, mas à *regra* estatuída" (Weber, 1979:129). Típica das organizações modernas, a dominação legal encontra sua legitimidade na competência e racionalidade com que é feita a administração, mantendo-se fiel ao princípio de que "qualquer direito pode ser criado e modificado mediante estatuto sancionado corretamente quanto à forma" (ibid., p 128). Por essas características, podemos considerar a *dominação burocrática* como a mais pura correspondência desse tipo ideal na realida-

Unidade I – O mundo das Ciências Sociais

de, uma vez que exalta o profissionalismo como regra de legitimidade. A estrutura burocrática, portanto, viabiliza a dominação legal, organizando quadros administrativos numerosos e hierarquicamente articulados. Nesse sentido, na dominação legal, a administração é tomada como um trabalho *profissional,* "sem a menor influência de motivos pessoais e sem influências sentimentais" (ibid., p. 129), numa dinâmica que faz da *disciplina do serviço* a base do seu funcionamento. Exemplos: a estrutura moderna do Estado e do município; empresas capitalistas privadas.

❏ *Dominação tradicional:* A legitimidade provém da tradição, como resposta dos seguidores à crença na naturalidade dos poderes senhoriais. Esse tipo de dominação pressupõe obediência à *pessoa* imbuída de poder, não por suas características individuais, e sim por sua dignidade enquanto representante de uma tradição socialmente aceita e reafirmada. Em outras palavras, aqui a submissão confunde-se com a fidelidade a um sistema hierárquico preexistente, baseado numa dinâmica feita de "senhores" e "súditos". A dominação tradicional encontra sua manifestação mais pura no *poder patriarcal,* que se guia pelos princípios da ética e da boa vontade, mantendo-se alheio à lógica da disciplina, central no tipo legal de dominação. Isso pode ser visto na composição do quadro administrativo, no qual os servidores são frequentemente dependentes pessoais (familiares, amigos etc.) ou pessoas ligadas ao detentor do poder por vínculos de fidelidade (como vassalos), deixando claro que, nesse tipo ideal, a lógica material prevalece à formal na atividade administrativa. Exemplos: a família, o patriarcado rural e o fenômeno do coronelismo.

❏ *Dominação carismática:* Assim como na dominação tradicional, também na carismática o poder é pessoal, referido àquele que detém o poder e não à instituição que ele representa. No entanto, se no tipo tradicional a legitimidade é fruto de uma fidelidade a um sistema, no tipo carismático ela vem das qualidades excepcionais do líder, independentemente de sua posição estatuída ou de sua dignidade profissional. Ou seja, a dominação (e a subordinação) tem *caráter afetivo,* marcado por uma devoção ao senhor e a seus dotes sobrenaturais (*carisma*). Esse tipo de dominação é, assim, composto por um *líder* que ordena e *apóstolos* que obedecem, numa dinâmica em que a autoridade não deriva do *reconhecimento* por parte dos submetidos. Com base na fé dos seguidores, a legitimidade do poder carismático não considera a *competência* racional ou a *dignidade* proveniente da tradição, assumindo uma feição extremamente conjuntural. Isso significa que, uma vez nascido da excepcionalidade do líder, o fenômeno da dominação carismática só dura enquanto o carisma que o suscitou for capaz de manter-se vivo e mobilizar a crença de seus seguidores. Em sua forma pura, esse tipo ideal tem caráter autoritário e dominador. Exemplos: lideranças religiosas (profetas), políticos demagogos e caudilhos.

De maneira geral, a obra de Weber, voltada à viabilidade científica da subjetividade sociológica, busca, em suas muitas facetas e temas, perseguir uma questão central: a natureza social do mundo moderno. Diante do desenvolvimento vertiginoso do capitalismo na Europa — acompanhado pelo intenso crescimento urbano e, em semelhante medida, pelas transformações nas relações de trabalho —, Weber se propôs desnaturalizar e problematizar a racionalidade como medida universal das relações e organizações sociais. Munido do princípio da *compreensão*, o autor alemão analisou as ações sociais transformadas, em seu significado, pelo avanço da economia de mercado, que trouxe consigo fenômenos como a industrialização, o aparelhamento do Estado e a laicização da sociedade. Com essa postura, Weber acabou por dar contribuições imprescindíveis ao desenvolvimento das Ciências Sociais como campo específico e diferenciado de conhecimento, além de prover importantes esquemas analíticos para uma questão cuja atualidade nunca se esvai: a singularidade da sociedade ocidental moderna.

Tema para discussão

❑ Tente identificar "tipos ideais" em notícias da mídia a respeito de personagens presentes ou passados da história brasileira.

SEÇÃO 7 — O tipo ideal do "homem cordial" brasileiro[6]

O Brasil pelo olhar das Ciências Sociais

Nas seções anteriores vimos como as Ciências Sociais se consolidaram como campo autônomo de conhecimento através do estabelecimento de métodos e paradigmas próprios ao estudo da sociedade. Deixando um pouco de lado a abstração dos conceitos e das premissas metodológicas, atentemos agora para nossa própria sociedade: como os trabalhos daqueles estudiosos, tão distantes de nós no tempo e no espaço, podem ajudar a compreender nossa realidade? De que maneira aquelas ideias se aplicam a um estudo sistemático da sociedade brasileira?

É impossível tratar aqui de todos os autores que refletiram sobre o Brasil a partir de um "olhar sociológico". São inúmeros os pensadores que buscaram, através de diferentes tradições teóricas e princípios metodológicos, entender distintas características da sociedade brasileira, tentando desatar verdadeiros nós que historicamente fazem parte da nossa realidade. Como explicar, por exemplo, a desigualdade social? Quais as condições de manutenção de peculiaridades como o clientelismo e, de maneira mais ampla, a corrupção em nosso sistema político? Quais são os determinantes da fragilidade da igualdade garantida por nossa Constituição Federal? Assim como as perguntas, as respostas também são muitas. Por isso nos concentraremos aqui no exemplo de um autor específico que, através de um livro seminal, cunhou um conceito que acabou por se firmar como uma das principais matrizes interpretativas do Brasil. Trata-se de Sérgio Buarque de Holanda, no livro *Raízes do Brasil*, com o conceito de "Homem Cordial".

Publicado em 1936, *Raízes do Brasil* foi lançado num período de grande mobilização política e social, marcado pela vitória da Revolução de 1930. As transformações trazidas pelo fim da Primeira República (chamada por muitos de "Velha") e pela crescente urbanização do país explicitavam tensões sociais e punham na ordem do dia questões como a estrutura econômica brasileira (profundamente marcada pelo conflito entre a lógica

---

[6] Texto de referência: Holanda (2005).

capitalista e a produção agrária mais tradicional), o futuro da democracia nacional (frequentemente ameaçado pelo perigo do autoritarismo) e, em termos mais amplos, toda a dinâmica social herdada do passado colonial, patriarcal e escravocrata. Modernidade e identidade nacional passavam a fazer parte dos debates políticos e intelectuais do período, num contexto que fez surgir alguns dos maiores clássicos da tradição de nosso pensamento social. Foi nesse cenário que vieram a público autores como Gilberto Freyre, com a obra *Casa grande & senzala* (de 1933), Caio Prado Jr., com *Formação do Brasil contemporâneo* (1942), e Sérgio Buarque de Holanda, com *Raízes do Brasil*, que rapidamente despontaram como os principais "intérpretes" do país, apresentando análises igualmente inovadoras e de inestimável sofisticação analítica.

No caso da obra de Sérgio Buarque de Holanda, seu impacto deve-se, em grande medida, a dois aspectos:

❑ o formato ensaístico de seu livro, que trazia poucas citações e aderia a uma lógica mais livre de articulação de ideias;
❑ o emprego inovador dos princípios da Sociologia de Max Weber para pensar a realidade brasileira, adaptando a metodologia dos tipos ideais a uma análise das nossas "raízes" sociais.

É este segundo aspecto que nos interessa aqui, um exemplo de como autores clássicos da Sociologia (no caso, Max Weber) podem ser apropriados na tentativa de compreender nossa sociedade. Vale lembrar que pouco antes de escrever *Raízes do Brasil*, Sérgio Buarque de Holanda havia passado uma longa temporada na Alemanha, onde teve contato direto com as obras de Max Weber. Não é difícil, portanto, entender a grande influência que as ideias do sociólogo alemão tiveram sobre o pensador brasileiro, que fez delas o ponto de partida metodológico para refletir sobre o processo de formação de nossa sociedade.

Raízes do Brasil e a Sociologia do homem brasileiro

Apesar de profundamente comprometido com a perspectiva sociológica (e, mais especificamente, com a tradição weberiana), *Raízes do Brasil* pode ser lido, no seu conjunto, como um livro sobre a História do Brasil. Isso porque o autor busca em nosso passado, em nossas raízes, as origens da realidade que encontrava no presente, sempre com o objetivo declarado de apontar caminhos para o futuro desenvolvimento político e social do país. Em outros termos, podemos dizer que Sérgio Buarque de Holanda sugere uma equação na qual, para efeitos metodológicos, "o conhecimento do passado deve estar vinculado aos problemas do presente" (Antônio Candido apud Holanda, 2005:20).

Mas de que maneira o autor leva a cabo esse verdadeiro exercício de transposição temporal? Como a história pode ser usada na construção de uma reflexão sociológica mais abrangente? Sérgio Buarque de Holanda encontra resposta para esse desafio epistemológico articulando sua análise em torno da busca do que acreditava ser a essência do homem brasileiro: Quais são as suas origens? Como ele se desenvolveu? Quais suas principais características? Esse seria, para ele, o caminho para a compreensão da identidade nacional e, consequentemente, para o desenvolvimento de propostas para o futuro da nação.

É a partir dessa perspectiva que o autor entrelaça uma recuperação da História do Brasil com os princípios da sociologia de Weber, o que fica claro no fato de toda a análise empreendida em *Raízes do Brasil* ser estruturada em torno da elaboração de *tipos ideais* — ou, mais precisamente, da elaboração de *pares de tipos ideais*.

De acordo com a reflexão de Sérgio Buarque, o fator "dominante e mais rico em consequências" das origens de nossa sociedade é o fato de sermos fruto da tentativa de implantação da cultura europeia além-mar. Isso revela o papel central que o autor confere ao processo de colonização na formação do brasileiro, o que fica ainda mais nítido no trecho a seguir:

Somos ainda hoje uns desterrados em nossa terra. Podemos construir obras excelentes, enriquecer nossa humanidade de aspectos novos e imprevistos, elevar à perfeição o tipo de civilização que representamos: o certo é que todo o fruto de nosso trabalho ou de nossa preguiça parece participar de um sistema de evolução próprio de outro clima e de outra paisagem [Holanda, 2005:31].

É nesse sentido que Sérgio Buarque recorre a nossa origem mais remota, a Península Ibérica (que engloba Portugal e Espanha), para identificar os primeiros traços do que viria a ser o perfil sociológico do homem brasileiro. Para definir nossos antepassados de modo a compreender sua atitude básica no mundo social, o autor apresenta o primeiro par de tipos ideais sobre os quais constrói toda a análise articulada ao longo do livro: o *aventureiro* e o *trabalhador*.

❑ Aventureiro: tipo ideal representado pelos ibéricos. Movido por valores como a audácia, a imprevisão e a irresponsabilidade, o aventureiro age de acordo com uma *concepção espacial do mundo*. Nas palavras do autor, esse tipo ideal se caracteriza por "ignorar fronteiras" e por guiar-se pelo ideal de "colher os frutos sem plantar a árvore". Seu imediatismo corresponde a um capitalismo não racional, que resultou numa colonização feita "com desleixo e certo abandono".

❑ Trabalhador: tipo ideal representado pelos europeus do Norte. Valoriza a estabilidade, a paz, a segurança pessoal e o esforço sem perspectiva de proveito material imediato, agindo conforme uma *concepção temporal do mundo*. O trabalhador é aquele que vê primeiro a dificuldade a vencer, e não o triunfo a alcançar.

Sérgio Buarque de Holanda propõe essa tipologia baseado no que identifica como dois diferentes princípios de regulação das atividades dos homens. Esses princípios correspondem, na realidade, a duas *éticas* distintas: a católica e a protestante, respectivamente associadas ao aventureiro e ao trabalhador. Para além das peculiaridades propriamente religiosas de cada uma dessas éticas, o autor se pauta nas suas relações com o trabalho (e, de maneira mais ampla, com o capitalismo) para desenvolver cada um dos tipos ideais apresentados.

De forma resumida, podemos dizer que o trabalhador corresponde ao tipo ideal dos povos que passaram pela Reforma protestante, que tinha entre seus princípios a exaltação do trabalho como um meio de aproximação do homem para com Deus. Já o aventureiro — tipo ideal de povos que, como o português, mantiveram o catolicismo profundamente arraigado —, não se caracteriza pela valorização do trabalho, e por isso mantém uma relação menos racional com a dinâmica capitalista (orientando-se mais pelo improviso do que pelo cálculo premeditado). Tal associação entre a ética protestante e o desenvolvimento do capitalismo foi desenvolvida de forma pioneira por Max Weber (em quem Sérgio Buarque de Holanda explicitamente se baseia na articulação do argumento), como veremos mais adiante, nas seções 17 e 18.

É importante lembrar que, como *tipos ideais*, tanto o "trabalhador" quanto o "aventureiro" só existem no mundo das ideias. São representações supraindividuais cujo uso se justifica por seu valor instrumental, metodológico. É nesse sentido que o autor afirma (Holanda, 2005:44):

> Entre esses dois tipos não há, em verdade, tanto uma oposição absoluta como uma incompreensão radical. Ambos participam, em maior ou menor grau, de múltiplas combinações e é claro que, *em estado puro, nem o aventureiro nem o trabalhador possuem existência real fora do mundo das ideias*. Mas também não há dúvida que os dois conceitos nos ajudam a situar e a melhor ordenar nosso conhecimento dos homens e dos conjuntos sociais.

A sociedade brasileira teria, de acordo com esse esquema, nascido como fruto da ética da aventura, que fez com que o português chegasse ao Brasil em busca de riqueza, "mas riqueza que custa ousadia, não riqueza que custa trabalho" (Holanda, 2005:49). Isso explica, entre outras coisas, o caráter extrativista da economia aqui implantada nos primeiros séculos da colonização, marcadamente comprometido com uma visão imediatista, sem planejamentos para o longo prazo.

Mas, como vimos, o tipo ideal do aventureiro representa tanto o português quanto o espanhol e, portanto, não é suficiente para caracterizar sociologicamente o homem brasileiro em suas peculiaridades, já que se refere também à colonização de toda a América espanhola. Por essa razão, Sérgio

Buarque de Holanda propõe um segundo par de tipos ideais, o *semeador* e o *ladrilhador*, operando uma divisão dentro do tipo do aventureiro:

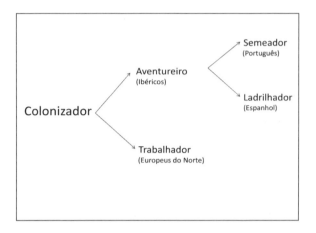

Se o aventureiro e o trabalhador se definem por éticas distintas com relação à racionalidade capitalista, o semeador e o ladrilhador são caracterizados por suas respectivas posturas perante a racionalidade do empreendimento urbano. Isso significa que o critério adotado por Sérgio Buarque de Holanda no desenvolvimento dessa segunda tipologia baseia-se na ideia de *cidade como instrumento de dominação colonial*.

❑ *Semeador:* Tipo ideal representado pelos portugueses. Caracteriza-se pela ausência quase total de planejamento e pelo investimento na "riqueza fácil, quase ao alcance da mão". O semeador não vê na colônia um prolongamento da metrópole, e sim um lugar de passagem válido apenas como polo de exploração comercial. Tal falta de "vontade criadora" se traduziu, de acordo com o autor, numa colonização primordialmente litorânea na qual as cidades nasciam aleatoriamente — como *sementes* espalhadas. Não há, portanto, no semeador, a perspectiva racional da permanência ou da criação de uma cultura no território colonial, donde resultou uma predominância do mundo rural no desenvolvimento do Brasil colônia.

❑ *Ladrilhador:* Tipo ideal representado pelos espanhóis. Caracteriza-se pelo investimento no domínio militar, econômico e político através da criação *planejada* de núcleos de povoação. No ladrilhador, o perfil aventureiro do

Unidade I – O mundo das Ciências Sociais

primeiro momento da conquista colonial deu lugar à "mão forte do Estado", que se fez sentir no ímpeto em ordenar e dominar as novas terras, a partir de um plano inicial, fazendo delas uma continuação da metrópole. Ao contrário do semeador, esse tipo ideal se define pelo apego à ordem racional e pela determinação em submeter a natureza às suas vontades. As cidades espanholas nasciam, assim, da imposição dos *ladrilhos* do colonizador sobre a "fantasia caprichosa da paisagem agreste".

Como podemos ver, esse segundo par de tipos ideais baseia-se na postura de cada um dos colonizadores perante a urbanização, aqui tomada como uma forma de ocupação que depende, sobretudo, da vontade e do empreendimento. Sem perder de vista que o objetivo de Sérgio Buarque de Holanda é oferecer uma compreensão sociológica sobre o Brasil através do estudo tipológico do homem brasileiro podemos nos perguntar: qual é, afinal, a validade interpretativa de tais pares de oposição?

A resposta a essa pergunta é dada no capítulo 5 de *Raízes do Brasil*, no qual o autor apresenta o conceito mais conhecido (e certamente um dos mais empregados) de nossas Ciências Sociais: o de Homem Cordial.

O "homem cordial"

Vimos que, para Sérgio Buarque de Holanda, a compreensão da sociedade brasileira passa necessariamente pelo estudo sociológico de nossa história, pela busca de nossas raízes socioculturais. Vimos também que, de acordo com as duas tipologias propostas pelo autor, o Brasil é fruto de uma colonização feita pelo tipo ideal do *aventureiro* e, num segundo plano, *do semeador*, já que ambos correspondem ao português (primeiramente como ibéricos e, depois, nas suas peculiaridades propriamente nacionais). Assim, podemos deduzir que o "produto final" da história brasileira, seguindo a metodologia adotada na análise, deve ser uma tipologia que resulte das características de nossos tipos de origem:

Aventureiro ⟹ Semeador ⟹ Tipo ideal do brasileiro

É nesse sentido que Sérgio Buarque de Holanda desenvolve a ideia de "Homem Cordial" — o brasileiro típico, fruto da colonização portuguesa e representante conceitual de nossa sociedade. Mas antes de entendermos o sentido sociológico da proposta é preciso atentar ao sentido da expressão escolhida pelo autor: Por que "cordial"?

De acordo com o senso comum, "cordial" remete a gentileza, polidez, etiqueta. Mas será que esses sinônimos são realmente fiéis à origem da palavra, ao seu sentido etimológico? Vejamos:

> *Cordial* provém da palavra latina *cordialis*, que significa "relativo ao coração". *Cordialis*, por sua vez, deriva de *cor*, que em latim designa "coração".

É a esse sentido originário que o autor de *Raízes do Brasil* se refere em sua conceituação, usando a expressão "Homem Cordial" para indicar um tipo ideal caracterizado por agir de acordo com um "fundo emotivo transbordante"; por guiar-se conforme manifestações espontâneas. O "Homem Cordial" é, portanto, o exato oposto do homem afeito às boas maneiras e à civilidade, que contém suas emoções em nome de rituais e regras de convívio social. A cordialidade, tal como empregada na análise, sugere, assim, aversão à reverência e à impessoalidade e se expressa no desejo permanente de estabelecer intimidade, pondo os laços pessoais (ou o coração) como intermédio das relações.

A cordialidade pode, de tal modo, vir travestida de uma polidez aparente, superficial, que muitas vezes se apresenta como simpatia. Daí derivam traços comuns ao estereótipo do brasileiro, como a generosidade, a alegria e a hospitalidade — usados como mecanismos de aproximação, de criação de intimidade e de quebra de impessoalidade, e que, portanto, são manifestações da cordialidade.

Pensemos no nosso dia a dia. Quais são, de acordo com as características apontadas, as manifestações cotidianas dessa cordialidade analisada por Sérgio Buarque de Holanda? O autor destaca o emprego recorrente de diminutivos ("inho") como meio de familiarização com pessoas e coisas; a tendência brasileira à omissão do nome de família (sobrenome) no tratamento social; e, no campo religioso, a informalidade perante o sagrado,

UNIDADE I – O MUNDO DAS CIÊNCIAS SOCIAIS

que "permite tratar os santos com uma intimidade quase desrespeitosa" (Holanda, 2005:163). Podemos concluir, assim, que o Homem Cordial caracteriza-se fundamentalmente pela rejeição às distâncias e ao formalismo nas relações sociais.

De que maneira, então, o Homem Cordial emerge como resultado da colonização realizada pelos tipos do aventureiro e do semeador? Ou, para pensarmos em termos sociológicos, o que o Homem Cordial, enquanto tipo ideal, nos permite inferir sobre nossa sociedade e seus mecanismos? Uma vez compreendidos a escolha e o significado da expressão usada pelo autor, busquemos agora entender seu alcance analítico.

O trecho que abre o capítulo "O homem cordial" oferece uma boa dica sobre o sentido interpretativo adotado na construção do conceito (Holanda, 2005:141):

O Estado não é uma ampliação do círculo familiar e, ainda menos, uma integração de certos agrupamentos, de certas vontades particularistas, de que a família é o melhor exemplo. Não existe, entre o círculo familiar e o Estado, uma gradação, mas antes uma descontinuidade e até uma oposição.

Ora, como vimos anteriormente, a colonização do Brasil foi feita a partir do desleixo do aventureiro e da falta de investimento em domínio estatal por parte do semeador, numa combinação que fez com que nossa sociedade se organizasse precisamente a partir dos interesses familiares, privados. Deixando de estabelecer uma estrutura política, econômica e militar na colônia, e reduzindo-a ao *status* de polo comercial, os portugueses acabaram por não desenvolver aqui uma esfera pública que tomasse para si o controle das funções do Estado. Ao não se fazerem presentes como autoridade estatal, deixaram vazios os espaços de atuação do poder público, permitindo que fossem ocupados por iniciativas particulares. Tal configuração se traduziu na formação de uma sociedade profundamente marcada pela *dificuldade de distinção entre os universos do público e do privado*, o que fez com que a família assumisse o papel de referência moral para além do âmbito doméstico.

Dessa forma, as atitudes e princípios caros ao universo íntimo da família acabaram, no caso brasileiro, por transbordar para a esfera pública, fazendo com que o Estado aqui se conformasse a partir de características que deveriam ser alheias à sua natureza burocrática. É nesse sentido que Sérgio Buarque de Holanda sugere a classificação do Estado brasileiro como "patrimonial", numa clara alusão à diferenciação feita por Max Weber entre burocracia e patrimonialismo, acerca dos tipos ideais de dominação (ver seção 6).

❏ *O patrimonialismo* se enquadra no tipo ideal de dominação tradicional. Nos estados regidos por esse princípio, a gestão política é tomada por seus funcionários como um assunto de interesse particular e a confiança pessoal é o principal critério para a escolha dos homens que irão exercer as funções públicas (exemplos: cargo de confiança, nepotismo etc.).
❏ *A burocracia* é o princípio ordenador do tipo ideal de dominação legal. Nos estados burocráticos os princípios ordenadores são a impessoalidade e a racionalidade, e a escolha dos funcionários é feita de acordo com suas capacidades próprias.

Como podemos ver, numa sociedade organizada segundo a lógica patrimonial os homens públicos atuam na esfera estatal de acordo com regras e valores da esfera doméstica, transportando os laços sentimentais e familiares para o ambiente do Estado. Assim, onde deveriam reinar os princípios da racionalidade e da impessoalidade acabam por imperar critérios caros à *cordialidade*, nos quais o coração (e não a razão) está no comando das relações sociais.

Vemos, portanto, que o conceito de Homem Cordial se presta à compreensão de uma sociedade cuja ordenação se pauta numa indiferenciação fundamental entre público e privado. Resultado do desenvolvimento precário e tardio da urbanização brasileira (em função da lógica do *semeador*), a cordialidade surge, então, da preservação do poder das células patriarcais (familiares) em âmbitos que deveriam ser de domínio exclusivamente estatal. O Homem Cordial, tipo ideal do brasileiro e produto sociológico de nossa história, é, nesses termos, o símbolo de uma sociedade baseada no

UNIDADE I – O MUNDO DAS CIÊNCIAS SOCIAIS

predomínio das relações humanas diretas, que se traduz numa cultura de fortes traços personalistas e patrimonialistas.

Dessa maneira, ao contrário do que pode sugerir o sentido mais comum da expressão, o conceito de Homem Cordial é apresentado como um traço *problemático* de nossa nacionalidade. Isso porque, ao prezar pelo personalismo em detrimento às regras abstratas e impessoais, acaba por ferir os princípios da horizontalidade e da igualdade, tão caros ao desenvolvimento da cidadania e da democracia — e, em termos mais amplos, à consolidação de um Estado propriamente moderno e eficaz. Na sociedade do Homem Cordial, na qual o espaço público é tomado como um prolongamento do espaço privado, fenômenos como o coronelismo, o clientelismo, o nepotismo, o "jeitinho" e a corrupção põem os interesses pessoais acima do bem comum.

Escrevendo em 1936, Sérgio Buarque de Holanda acreditava que a cordialidade seria superada com o avanço da urbanização, que levaria ao progressivo desenvolvimento da impessoalidade nas relações pessoais (Holanda, 2005:145):

> o desenvolvimento da urbanização, que não consiste apenas no desenvolvimento das metrópoles, mas ainda e sobretudo na incorporação de áreas cada vez mais extensas à esfera da influência metropolitana, o homem cordial se acha fadado provavelmente a desaparecer, onde ainda não desapareceu de todo.

A urbanização (fruto direto da industrialização) seria, assim, um golpe fatal nas relações calcadas na cordialidade, fazendo com que esse traço histórico-cultural ficasse esquecido num passado de arcaísmo e ruralismo. Pensemos sobre o Brasil de hoje. Podemos dizer que a "profecia" se cumpriu?

Temas para discussão

❑ O "nepotismo" na política seria um exemplo do que Sérgio Buarque de Holanda fala sobre a dificuldade em se distinguir os domínios do público e do privado?

- A expressão "Você sabe com quem está falando?" seria característica do "homem cordial"?
- Geralmente tendemos a ver apenas o lado negativo da "burocracia". Contrastado com o mundo dominado pelo patrimonialismo (no qual predominam as relações pessoais), quais seriam as características positivas da burocracia?

UNIDADE II

A construção da identidade social: relação entre indivíduo e sociedade

- ❑ Conjunção entre trajetória pessoal e tempo histórico: noção de campo de possibilidades.
- ❑ O processo de socialização.
- ❑ Socialização primária: a família e a interiorização da realidade na infância.
- ❑ Socialização secundária.
- ❑ Memória e identidade social.
- ❑ Disciplina e enquadramento dos indivíduos.
- ❑ Norma, desvio e divergência: a imposição de regras e suas transgressões.

SEÇÃO 8 — Trajetória pessoal e tempo histórico[7]

Indivíduo e sociedade

Na unidade anterior vimos como o mundo das Ciências Sociais se diferencia do universo de conhecimento das Ciências Naturais através da delimitação de um objeto e de uma metodologia próprios. Vimos também quais são as peculiaridades e as premissas de análise daquilo que conhecemos como nossa vida cotidiana, e que, para aqueles que estudam a sociedade, se apresenta como a "realidade social". Agora, já mais familiarizados com os objetos, objetivos e princípios que ordenam todo esse campo de conhecimento, passemos ao estudo de uma dimensão importantíssima dentro das Ciências Sociais: a relação entre indivíduo e sociedade.

Em mais de uma das seções anteriores, temas como a interação social e a construção social da realidade tocaram, ainda que brevemente, na questão da dialética fundamental que rege a dinâmica entre o todo social e os indivíduos que dele fazem parte. Nessa seção e nas que se seguem exploraremos essa problemática de forma mais detida, atentando para os mecanismos de construção da "Identidade Social", ou seja, analisando os meios pelos quais os indivíduos constroem suas memórias, trajetórias e personalidades individuais, em permanente interação com o mundo social ao seu redor. Comecemos com uma reflexão acerca da relação sociológica entre as trajetórias pessoais e o tempo histórico do qual fazem parte.

Você já pensou como seria ter nascido em outra época? Já imaginou como seria viver num tempo de valores e ideias completamente diferente dos nossos, permeado por possibilidades e opções impensáveis para os dias de hoje? Reflita por um momento sobre como seria viver num mundo no qual as mulheres eram impedidas de trabalhar, ou até mesmo de estudar. Ou então, por exemplo, num tempo em que não houvesse liberdade de expressão, ou mesmo numa época de guerra, quando todas as prioridades ficassem voltadas à garantia de condições mínimas de sobrevivência. Sua

---

[7] Texto de referência: Hughes (2005:163-173).

vida certamente seria bastante diferente, assim como suas vontades, suas ambições e seus projetos. Em resumo, sua *identidade social* seria inevitavelmente afetada pelas condições oferecidas por aqueles contextos.

Hoje em dia, por exemplo, uma jovem de 18 anos de idade pode sonhar em estudar administração de empresas, em especializar-se em grandes transações no mercado financeiro e em trabalhar de sua própria casa através da internet. Tais planos são perfeitamente possíveis num mundo no qual as mulheres concorrem em condição de igualdade no ingresso às universidades, o mercado de ações mobiliza a economia e, finalmente, um instrumento como a internet permite que se possa trabalhar em qualquer lugar onde haja conexão. Ou seja, em nosso mundo social tal projeto é perfeitamente viável.

Essas considerações apontam para algo que, de certa forma, faz parte do senso comum, mas que, se analisado nos termos de uma reflexão sociológica, pode nos dar algumas pistas importantes sobre a relação indivíduo/ sociedade: o fato de que nossos projetos e trajetórias não dependem apenas de nossas virtudes e desejos, mas estão, em grande medida, condicionados pelo contexto social do qual fazemos parte.

Essa percepção a respeito do cruzamento entre trajetória pessoal e tempo histórico não é nova. Aparece, por exemplo, numa passagem de *O príncipe* (1513), de Nicolau Maquiavel (1469-1527), um dos mais importantes livros sobre política já escritos. Em seu capítulo XXV, Maquiavel trata da medida em que nossas vidas são resultado da conjunção entre a *fortuna* (isto é, o acaso, a sorte, fenômenos que não dependem de nossa vontade) e a *virtù* (literalmente, "virtude"), que corresponde à parcela de livre-arbítrio de que dispomos: "Julgo poder ser verdade que a sorte seja o árbitro da metade das nossas ações, mas que ainda nos deixe governar a outra metade, ou quase" (Maquiavel, 2010:99). Procuraremos, a seguir, dar uma fundamentação sociológica a essa percepção de Maquiavel.

Projetos e campo de possibilidades

Uma vez admitido que o mundo social que nos cerca tem grande influência sobre nossas vidas, pensemos um pouco sobre como se dá o processo de constituição da identidade. O que é a identidade de um indivíduo? Como ela se conforma? Partindo do princípio de que a relação entre o indivíduo e a sociedade se dá em termos dialéticos, marcada por uma influência recíproca e incessante, não é difícil perceber porque, para o cientista social, o estudo da identidade é inevitavelmente remetido ao seu caráter social. Em outras palavras, podemos dizer que o estudo da individualidade e da identidade pessoal interessa para as Ciências Sociais à medida que ela é considerada produto de um diálogo entre as pulsões subjetivas de cada um e as condições oferecidas pela estrutura social dentro da qual se movem. Por isso, para o cientista social, a identidade é, sobretudo, uma *identidade social.*

De acordo com o antropólogo brasileiro Gilberto Velho, essas questões podem ser entendidas nos termos dos conceitos de *projeto* e *campo de possibilidades.* Utilizadas como instrumentos de análise, tais noções permitem uma aproximação ao universo das relações entre indivíduo e sociedade através de uma perspectiva que privilegia sua reciprocidade e, sobretudo, sua indissociabilidade.

O conceito de *projeto* pode ser definido, em termos amplos, como uma "conduta organizada para atingir finalidades específicas" (Velho, 2003:40). Ou seja, corresponde a um conjunto de ações individuais articuladas em torno de um objetivo mais ou menos claro para seu agente. Apesar de o *projeto* envolver, em todos os seus níveis, a consciência de quem o vivencia, ele não é, de nenhuma maneira, fruto de um cálculo racional. Isso significa dizer que ele envolve emoções, valores e preconceitos, apresentando-se como fruto de uma subjetividade profundamente remetida ao mundo social do qual faz parte seu agente. Em outras palavras, podemos dizer que o *projeto* é desenvolvido num processo de interação social.

Isso fica mais claro se pensarmos que qualquer *projeto*, por mais pessoal que seja, deve encontrar um significado social para que possa ser comunicado e, principalmente, efetivado. Imagine, por exemplo, a jovem anteriormente mencionada, cujo projeto era o de trabalhar no mercado financeiro via internet. Seus planos, por mais individuais que sejam, foram elaborados dentro de um universo social no qual aqueles elementos têm um significado bastante evidente. Se essa mesma jovem fosse, por alguma

UNIDADE II – A construção da identidade social

razão, viver numa tribo indígena sem contato com a cultura ocidental, aquele projeto não encontraria nenhuma correspondência com o mundo social ao seu redor, no qual os valores, significados e até mesmo as condições materiais não permitiriam que ele transbordasse da vontade individual para a realidade social. Ou seja, um *projeto* só pode ser posto em prática se seu sentido não se limitar à subjetividade individual; articula-se, portanto, no plano da *intersubjetividade*:

> Por mais velado e secreto que possa ser, ele é expresso em conceitos, palavras, categorias que pressupõem a existência do Outro. Mas, sobretudo, o projeto é um instrumento de negociação da realidade com outros atores, indivíduos ou coletivos [Velho, 2003:103].

Percebemos, assim, que o *projeto* ultrapassa o âmbito puramente individual, apresentando-se como alternativa viável apenas à medida que dialoga diretamente com os parâmetros da realidade social da qual seu sujeito faz parte. Tais parâmetros correspondem ao que Gilberto Velho identifica como *campo de possibilidades*, conceito que se refere às alternativas configuradas pelo quadro sócio-histórico e cultural de cada sociedade, dentro das quais se desenrolam as trajetórias individuais.

O *campo de possibilidades* atua, portanto, como uma espécie de moldura dentro da qual se conformam as diferentes identidades dentro de um grupo social e, por conseguinte, seus múltiplos *projetos*. Podemos dizer, assim, que o *projeto* é fruto de uma deliberação individual que, apesar de consciente, tem eficácia e comunicabilidade condicionadas ao *campo de possibilidades* no qual o indivíduo está inserido.

Em resumo, esses conceitos permitem pensar as trajetórias individuais como fruto da relação entre os *projetos* pessoais e o mundo social. A identidade emerge, desta forma, como produto de um processo de permanente construção social, sendo elaborada nos termos de um diálogo ininterrupto entre indivíduo e sociedade.

Uma vez apresentado o universo teórico e conceitual mais amplo que baliza essas questões, vejamos, agora, as correspondências mais imediatas entre as trajetórias de vida e o tempo histórico dentro do qual transcorrem.

Carreiras, trajetórias, ciclos de vida

De que maneira nossas vidas podem ser tomadas enquanto objeto de análise social? Em que termos nossas biografias individuais, com suas tantas idas e vindas, servem como ponto de partida para uma reflexão mais ampla acerca do mundo social do qual somos parte? Essas perguntas nos remetem diretamente ao universo de questões que permeiam a dialética indivíduo/sociedade, mas apontam diretamente para a relação entre duas dimensões muito caras à nossa realidade cotidiana: tempo histórico e trajetória pessoal. "Todo homem nasce, vive e morre num tempo histórico. À medida que ele percorre o ciclo da vida característico da nossa espécie, cada fase desse ciclo se junta com eventos no mundo" (Hughes, 2005:163).

A frase acima, escrita pelo sociólogo americano Everett Hughes, é bastante simples e expressa uma ideia familiar a todos nós: a de que nossa vida é composta por sucessivos ciclos que, em meio aos eventos propriamente biológicos que os determinam, transcorrem dentro de uma temporalidade mais ampla, compartilhada com o mundo social ao nosso redor. Tentemos, contudo, suplantar a naturalidade com que incorporamos essas premissas em nosso cotidiano, transpondo-as para o plano da análise sociológica e, mais precisamente, da problemática da construção social da identidade.

Everett Hughes, em seu texto "Ciclos, pontos de inflexão e carreiras", empreende tal exercício de "desnaturalização" sugerindo uma abordagem sociologicamente orientada a respeito da conjunção entre os ciclos de vida, nossa trajetória pessoal e o tempo em que vivemos. Disposto a analisar as "junções da vida de um homem com eventos, pequenos e grandes", o autor destaca o caráter social dos marcos que entrecortam e definem os ciclos de vida em uma sociedade, lembrando que são, antes de tudo, relativos ao contexto cultural que os define.

Esse interesse de Hughes pela análise social das trajetórias pessoais (que ficou conhecido como "método biográfico") se traduz, no referido texto, numa reflexão acerca da noção de "ciclo" em suas múltiplas possibilidades ("ciclo natural", "ciclo biológico", "ciclo de posições sociais" etc.). Entendendo a vida como uma *totalidade composta por etapas sucessivas ordenadas através do tempo*, Hughes pensa sobre os marcos que definem a passagem de uma etapa para a outra em diferentes sociedades (os chamados *pontos de inflexão*, ou, no original inglês, *turning points*), atentando para os variados critérios que definem o final de um ciclo e o início de outro nas trajetórias pessoais.

Em nossa sociedade, por exemplo, a vida transcorre em ciclos cronológicos compostos por faixas etárias mais ou menos definidas (infância, adolescência, vida adulta, velhice) e, em grande medida, em ciclos referidos à vida profissional (estudante, estagiário, empregado, aposentado). Mas será que é possível determinar com precisão quando uma pessoa deixa de ser criança e passa a fazer parte do mundo adulto? Qual o *ponto de inflexão* que determina essa passagem? Para alguns é uma questão que diz respeito apenas ao desenvolvimento biológico de cada um; para outros a vida adulta tem início com o ingresso na universidade ou, ainda, com o início da vida profissional. Já em certos grupos, o final da infância tem momento predeterminado para acontecer: os judeus, por exemplo, marcam a iniciação da vida adulta com uma cerimônia (o *bar mitzvah*) que acontece aos 12 anos para os meninos e aos 13 para as meninas (*bat mitzvah*, nesse caso).

Percebemos, assim, que todas as sociedades têm fases e *pontos de inflexão* variados entre si, porém mais ou menos previsíveis para a vida de seus membros. Hughes nos alerta ainda para o fato de que os ciclos que determinam o ritmo do curso da vida podem ser tanto individuais quanto coletivos.

- ❏ *Os ciclos coletivos* obedecem ao estabelecimento de um calendário social específico, que prevê os ritos que marcam momentos-chave para cada cultura (exemplos: natal, réveillon etc.). De maneira geral, esses ritos proporcionam sentimento de segurança, já que correspondem a uma vivência partilhada com outros indivíduos.
- ❏ *Os ciclos individuais* se sucedem de acordo com *ritos de passagem* que marcam a vida dos membros da sociedade de forma individualizada (exemplos: nascimento, casamento, morte etc.). Esses ritos correspondem à expressão institucionalizada de certos sentimentos associados à

passagem de um *status* social para outro, e são vivenciados por cada indivíduo de forma mais ou menos distanciada.

Em ambos os casos, os ciclos são determinados por *pontos de inflexão* socialmente estabelecidos e que, portanto, também estabelecem um elo bastante sólido entre a experiência subjetiva e a coletividade, ou entre o tempo histórico e a trajetória pessoal. É importante atentar também para o fato de que as fases e os marcos da vida social não são, de forma alguma, imutáveis. Tanto os ciclos individuais quanto os coletivos podem ser alterados por mudanças sociais, tendo sua duração, seu significado e seus pontos de inflexão modificados.

A ampliação da expectativa de vida do ser humano ao longo das últimas décadas, por exemplo, tem gerado uma profunda reestruturação nos ciclos determinados pela trajetória profissional. Isso se reflete também numa mudança na própria concepção de "velhice": se no início do século XX um homem de 60 anos estava irremediavelmente classificado como "velho", hoje em dia pode, sem dificuldade, fazer parte da população considerada "madura" ou, simplesmente, "adulta".

No caso dos ciclos coletivos, essas transformações podem, como sugere Hughes, ser notadas em movimentos revolucionários (políticos ou religiosos), que, em geral, procuram romper com o calendário social anterior. Tomemos como exemplo o caso da Revolução Francesa, quando os responsáveis pela nova ordem determinaram a alteração dos nomes dos dias da semana e dos meses do ano, buscando esvaziar o significado social da antiga nomenclatura. Mas por que essa preocupação tão profunda com o calendário? Hughes (2005:169) responde a essa questão afirmando que: "O calendário é a urdidura do tecido social, percorrendo longitudinalmente o tempo e carregando e preservando a trama, que é a estrutura das relações entre os homens e as coisas que nós chamamos de instituições".

Em outras palavras, como sistemas institucionalizados de organização dos ciclos individuais e coletivos da sociedade, os calendários atuam como verdadeiros portadores da memória social. Isso porque, através deles, as trajetórias individuais transcorrem dentro de uma estrutura composta por ciclos — e, portanto, significados — socialmente compartilhados. Podemos assim perceber que as trajetórias pessoais se constroem numa permanente interação com o tempo histórico dentro do qual se desenvolvem.

Entre os ciclos coletivos e individuais, e entre os tantos critérios que determinam os pontos de inflexão que pontuam o curso de uma biografia, construímos, pouco a pouco, aquilo que Hughes identifica como *carreira*. Este termo, cujo significado, no senso comum, remete aos rumos tomados na vida profissional, é usado pelo autor como um conceito que engloba os muitos ciclos que marcam a trajetória de um indivíduo (profissional, biológico, afetivo etc.). A ideia de *carreira*, tal como formulada por Hughes, corresponde ao conjunto de etapas ordenadas que compõem a trajetória singular de cada indivíduo, isto é, uma *carreira* é um ciclo de vida percorrido dentro de uma sociedade específica, ao longo de determinado tempo.

Podemos perceber, em suma, que tanto os conceitos de *projeto* e *campo de possibilidades* quanto a ideia de *carreira* permitem pensar a questão da identidade e da trajetória individuais nos termos de uma análise sociológica. Através desses instrumentos teóricos, biografias, valores e escolhas pessoais despontam como elementos que, a despeito da alta carga de subjetividade que os define, oferecem importantes perspectivas sobre o mundo social.

Temas para discussão

❏ Pensar diferentes tipos de "rituais de passagem" em nossa sociedade — situações em que há mudança de *status* social, passagem de uma situação a outra: casamento, serviço militar, iniciação religiosa, trote na faculdade etc.

❏ Pensar como esses rituais de passagem mudaram com o passar do tempo.

❏ Os anos 1960 ficaram famosos pelos movimentos de contracultura que se opuseram a diversos comportamentos "tradicionais": repressão sexual, uso de drogas, formas de se vestir e comportar, oposição ao serviço militar etc. Qual seria o equivalente, hoje, desses movimentos?

SEÇÃO 9 — Identidade e socialização[8]

Identidade e processo social

Uma vez discutido de que forma as trajetórias e biografias podem ser pensadas nos termos da relação indivíduo/sociedade, vamos agora analisar outro aspecto desse mesmo universo de questões: a formação da identidade. Até que ponto nossas predisposições individuais são moldadas pelo entorno social? De que maneira o ambiente em que crescemos e vivemos influencia a constituição da identidade de cada um? Tais perguntas podem parecer um tanto abstratas e de difícil resposta pelas Ciências Sociais — afinal, é impossível acompanhar cada pessoa individualmente para avaliar, caso a caso, o processo de formação identitária. No entanto, se ficarmos atentos às características dos *processos sociais* em jogo, podemos abordar a identidade como algo que nasce fundamentalmente do entrelaçamento entre as disposições individuais e a realidade social.

Antes de passarmos à reflexão propriamente sociológica, vale relembrar o sentido dessa palavra que nos é tão comum em diferentes aspectos do cotidiano — "identidade". De acordo com os dicionários, esse termo se refere ao conjunto de elementos que permitem saber quem uma pessoa é; ou seja, indica a reunião de características próprias e exclusivas de um indivíduo (tais como nome, profissão, sexo, aspecto físico, impressões digitais etc.) que são consideradas quando ele precisa ser reconhecido. Por outro lado, a identidade pode apontar também a consciência que cada um tem de si, aquilo que subjetivamente acreditamos ser o cerne de nossa individualidade. Vemos, portanto, que os variados usos da palavra sugerem o destaque e o mapeamento das peculiaridades de cada pessoa, ressaltando precisamente suas diferenças com relação aos demais membros da sociedade.

Partir desta constatação implica, naturalmente, a elaboração de questionamentos acerca da validade do estudo da identidade como meio de reflexão sobre o todo social: se a identidade é justamente aquilo que cada indivíduo tem de particular, de exclusivo, de que maneira pode

---

[8] Texto de referência: Berger e Luckmann (2002:173-195).

ser utilizada como objeto de análise sociológica (que privilegia precisamente o estudo da sociedade como um todo)? Mais uma vez a resposta a esse questionamento remete à dinâmica complexa entre indivíduo e sociedade, que, conforme dito em seções anteriores, caracteriza-se pela reciprocidade e, sobretudo, por uma relação essencialmente dialética. Como veremos, no caso específico do uso da identidade como elemento de análise social, essa problemática pode ser bastante elucidada pelos estudos de Peter Berger e Thomas Luckmann a respeito da *construção social da realidade*.

Nas seções 4 e 5, observamos como esses autores partem da relevância das interações como matéria-prima da sociedade para articular uma interessante reflexão sobre a realidade enquanto produto da construção social. Vimos ainda que Berger e Luckmann afirmam que o processo de construção da realidade pela interação entre os homens obedece, de maneira geral, a um ciclo composto por três movimentos simultâneos e ininterruptos: a externalização, a objetivação e a interiorização. É nesse sentido que, se referindo especificamente ao caráter dialético que marca a inserção de cada membro individual na sociedade, os autores defendem que cada um "exterioriza seu próprio ser no mundo social e interioriza este último como realidade objetiva" (Berger e Luckmann, 2002:173).

A frase deixa clara a ideia de que os indivíduos e o mundo social influenciam-se constante e reciprocamente, mas não elucida como se dá o processo de inserção do indivíduo na dinâmica descrita. Ora, sabemos que a sociedade é anterior e posterior à trajetória de todos nós, isto é, que já existe quando nascemos e segue existindo depois que morremos. Resta então saber de que maneira cada um, individualmente, toma lugar nesse fluxo contínuo que é a realidade social, atuando sobre sua conformação e, em igual medida, sendo por ela conformado.

É claro que cada sociedade — ou até mesmo cada grupo dentro de uma mesma sociedade — tem formas e rituais peculiares que marcam a chegada de um novo membro. O batismo, a circuncisão ou até mesmo o trote universitário são alguns exemplos de como a chegada de novos indivíduos a determinada realidade social implica, destarte, um processo de *aprendizado* sobre a mesma por parte dos novatos. A seguinte frase de Berger e Luckmann (2002:173) marca bem essa ideia: *"O indivíduo não nasce membro da sociedade. Nasce com a predisposição para a sociabilidade e torna-se membro da sociedade".*

Cabe, agora, entender como se dá esse processo de "tornar-se membro da sociedade", ao qual todo ser humano é necessariamente submetido desde o momento do nascimento.

Comecemos com um exemplo bastante conhecido, Mogli, o "menino lobo", personagem de *O livro da selva* (1894), do escritor inglês Rudyard Kipling (1865-1936), adaptado para o cinema pela Disney em 1967. Na Índia do século XIX, um bebê é deixado na floresta, onde é acolhido por lobos que passam a criá-lo como um dos seus. O menino vive conforme as regras e comportamentos aprendidos entre os animais até que, certo dia, decide ir até a aldeia de homens. Diante da novidade, o urso Ballo, preocupado com o destino do amigo, exclama: "vão estragá-lo, vão fazer dele um homem!". A história segue com as peripécias de Mogli aprendendo a falar e a portar-se como um humano, até integrar-se plenamente à sociedade dos homens.

Na discussão que aqui interessa, a questão que a narrativa suscita é: por que Mogli, um humano, não agia como seus semelhantes antes de chegar à aldeia de homens? Seguindo a proposta de Berger e Luckmann, podemos dizer que sua percepção da realidade dava-se de acordo com o que aprendera entre os animais, seus "outros significativos", e que, portanto, sua compreensão das ações cotidianas era distinta daquela praticada pelos demais humanos. Daí podemos ver, ainda acompanhando a proposta dos sociólogos, que Mogli iniciou tardiamente o processo de "tornar-se membro da sociedade humana", uma vez que, até travar contato direto com outros homens (ou *interagir* com eles), o menino não tinha meios para aprender sobre o mundo no qual seus semelhantes já viviam.

É a essa compreensão imediata de nossos semelhantes e do mundo como realidade social dotada de sentido que Berger e Luckmann chamam de *interiorização*. Ela constitui a primeira etapa do processo de tomar parte na sociedade, num movimento que implica, necessariamente, *participação* e *reciprocidade*. Assim, podemos definir a *interiorização* como a experiência

UNIDADE II – A CONSTRUÇÃO DA IDENTIDADE SOCIAL

inaugural de apropriação do mundo social por cada indivíduo particular, num exercício contínuo de *dotação de sentido*. É a partir da *interiorização* que os indivíduos passam a conferir, progressivamente, significados socialmente compartilhados às ações que observam a seu redor.

Na palavra dos autores, a interiorização é "a apreensão ou interpretação imediata de um acontecimento objetivo como dotado de sentido, isto é, como manifestação de processos subjetivos de outrem, que desta maneira tornam-se subjetivamente significativos para mim" (Berger e Luckmann, 2002:174).

Voltemos ao exemplo de Mogli: antes de encontrar com os demais humanos, o menino nunca havia feito, por exemplo, uma refeição à mesa e, portanto, certamente ficou confuso quando viu pela primeira vez artefatos como cadeiras, talheres, louças etc. No entanto, com o passar do tempo, Mogli pôde *interiorizar* os significados de cada um daqueles objetos, atribuindo-lhes sentido num panorama socialmente compartilhado. A partir desse aprendizado inicial, aquela sociedade que até então lhe era estranha deixou de ser um dado meramente *objetivo*, exterior, para tornar-se também uma *realidade subjetiva*, com significados interiorizados na sua apreensão imediata do mundo e de seus semelhantes.

Berger e Luckmann chamam a atenção para o fato de que a interiorização (e, por conseguinte, o processo de tornar-se membro de uma sociedade) ocorre em meio à interação ininterrupta a que estamos submetidos desde que nascemos. A esse processo amplo e contínuo pelo qual elaboramos as percepções sobre os significados compartilhados com o grupo social ao qual pertencemos os autores chamam de *socialização*.

A *socialização* consiste, em suma, na permanente interpretação da realidade objetiva e sua simultânea interiorização como realidade subjetiva, formando a base para que cada indivíduo compreenda as pessoas e o mundo ao seu redor. É nesse sentido que os autores definem a *socialização* como a "ampla e consistente introdução de um indivíduo no mundo objetivo de uma sociedade ou de um setor dela" (Berger e Luckmann, 2002:175).

Não podemos esquecer, contudo, que a interpretação da realidade não se processa da mesma maneira para todos os membros de uma sociedade, muito pelo contrário. Diante de uma mesma realidade social, cada indivíduo estabelece seus valores e preferências, manipulando subjetivamente os códigos e significados compartilhados com os demais membros do grupo social no qual se insere. Nesse sentido, podemos dizer que a identidade é formada através do processo de socialização tal qual vivenciado por cada indivíduo. É preciso, agora, entender como a identidade se conforma no jogo indivíduo/sociedade, em meio aos muitos mecanismos de socialização que encontramos ao longo da vida.

A socialização primária

Dispostos a analisar mais detidamente o fenômeno da socialização, Berger e Luckmann propuseram uma diferenciação entre duas formas básicas de introdução dos indivíduos na sociedade: a *socialização primária* e a *socialização secundária*. Como ponto de partida, podemos afirmar que:

❏ A *socialização primária* é a primeira socialização experimentada pelo indivíduo e acontece ao longo de sua infância.

❏ A *socialização secundária* é qualquer processo posterior que introduz o indivíduo já socializado em novos setores de sua sociedade.

Tal diferenciação remete, primeiramente, à ideia já apontada de que a socialização — e, consequentemente, a introdução de um indivíduo na "dialética da sociedade" — é um processo permanente. Assim, apesar de concluída a etapa da *interiorização*, distintas formas de socialização se sucederão com o passar do tempo, definindo e redefinindo não apenas nossa inserção no todo social, como também a constituição da identidade individual.

Sabemos que não somos imutáveis. Nossos gostos pessoais, escolhas profissionais e posicionamentos políticos e religiosos podem variar ao longo do tempo, fazendo com que sejamos identidades em perene processo de redefinição. No entanto, certos aspectos de nossa percepção do mundo objetivo (e, portanto, de nossa identidade) seguem inalterados mesmo diante das mudanças experimentadas no decorrer de nossa trajetória. De acordo

Unidade II – A construção da identidade social

com Berger e Luckmann, essa permanência se deve fundamentalmente à importância da *socialização primária*. Vejamos os motivos.

Os autores afirmam que a *socialização primária* se define pela imersão da criança num mundo social por ela vivido como *o único mundo existente e concebível*, e não como *um* universo possível entre todos os existentes. Para a criança, o mundo social resume-se àquilo que lhe foi apresentado pelos responsáveis por sua socialização, como sua família. Assim, o indivíduo é apresentado ao mundo social através dos parâmetros aprendidos entre esses *outros significativos* (pais, irmãos, avós etc.), que ele encontra quando vem ao mundo. Em resumo: "Todo indivíduo nasceu em uma estrutura social objetiva, dentro da qual encontra os outros significativos que se encarregam de sua socialização" (Berger e Luckmann, 2002:175).

Portanto, na *socialização primária*, o indivíduo se torna membro da sociedade à medida que compreende a realidade e as demais pessoas ao seu redor, fazendo com que o mundo no qual foi socializado se torne o *seu* mundo. Berger e Luckmann destacam, nesse sentido, o fato de que os *outros significativos* nos são impostos quando nascemos, o que significa que não podemos escolher a estrutura social objetiva ou o mundo social objetivo dentro do qual somos socializados — nos termos de Maquiavel, seriam parte da nossa *fortuna*. Daí o fato de que o conteúdo da socialização primária varia em função da localização desses "outros significativos" na estrutura social mais ampla (exemplo: a classe social a que pertencemos).

É importante destacar que a percepção do mundo social pelos indivíduos não é exclusivamente condicionada pelo posicionamento de seus *outros significativos* na estrutura social. Cada qual "filtra" a realidade dentro da qual é socializado também através de suas peculiaridades individuais, conforme a biografia de cada um (características familiares etc.). Assim, duas crianças da mesma classe social não terão, necessariamente, a mesma perspectiva sobre o mundo social.

Outro aspecto relevante da socialização primária é o fato de que não se restringe ao aprendizado puramente cognitivo do mundo social, pois também vem imbuída de uma forte carga emotiva, por meio da qual a criança se sente afetivamente ligada aos seus *outros significativos*. De acordo com os autores, essa ligação emocional é essencial ao sucesso da socialização, uma vez que, a partir dela, a criança passa a se *identificar* com os *outros significativos* (como os pais, por exemplo), absorvendo seus papéis e atitudes e, consequentemente, *interiorizando-os*. Assim, por meio da identificação emocional a criança se apropria do repertório manipulado por seus familiares, num processo que, pouco a pouco, permite que ela adquira uma "identidade subjetivamente coerente e plausível" (Berger e Luckmann, 2002:177).

É claro que esse processo de constituição da identidade por meio da socialização não é unilateral (*outros significativos* —> indivíduo) tampouco mecânico ("meus pais são assim, logo serei assim também"). Pelo contrário, é um processo essencialmente dialético que envolve a identificação da criança pelos outros e, simultaneamente, sua autoidentificação; ou seja, acontece num balanço entre "a identidade objetivamente atribuída e a identidade subjetivamente apropriada" (Berger e Luckmann, 2002:177).

Isso nos mostra que, conforme dito no início da seção, a identidade se conforma em meio ao diálogo permanente entre indivíduo e sociedade, uma vez que se define sempre dentro do horizonte de um mundo social específico (por meio da socialização) e *só pode ser subjetivamente apropriada* juntamente com *este mundo* (Berger e Luckmann, 2002:177). Em meio a esse processo, a criança assume uma identidade própria, passando a se localizar num mundo social dentro do qual lhe é atribuído um lugar específico.

Diante dessa caracterização da socialização primária, podemos questionar: Quando ela termina? Quais sintomas nos permitem ver que um indivíduo já está plenamente inserido em sua sociedade?

Segundo Berger e Luckmann, a socialização primária se completa quando a criança finda o processo pelo qual progressivamente abstrai os papéis e atitudes dos *outros significativos*, passando a se relacionar com o *outro generalizado*, conforme as seguintes definições:

- outros significativos: responsáveis pela socialização primária de cada indivíduo (pais, irmãos, avós etc.);
- outro generalizado: abstração dos papéis e atitudes dos outros significativos concretos.

Em outras palavras, a socialização primária termina quando a criança despersonaliza uma atitude (como uma bronca dada pela mãe diante de uma malcriação), percebendo que a repreensão corresponde a uma regra social; isto é, a criança percebe que não apenas sua mãe, mas a sociedade em geral condena aquela atitude.

Ao operar essa abstração, a criança forma em sua consciência este *outro generalizado*, identificando-se não mais apenas com seus *outros significativos* (sua mãe, seu pai etc.), mas também com a sociedade como um todo. Podemos dizer, assim, que o *outro generalizado* é o somatório de papéis e atitudes que a criança presencia e assimila, e através dos quais aprende as principais regras sociais. A partir daí a criança passa a se perceber como membro de uma sociedade, uma vez que sua identidade já não diz respeito somente a seus outros significativos; é, agora, uma identidade *em geral*, diante de toda a sociedade.

Por todas as suas características, a socialização primária é, para Berger e Luckmann, responsável por uma concepção de mundo mais forte e arraigada do que todas as demais que o indivíduo venha a conhecer posteriormente. Assim, o mundo interiorizado na socialização primária permanece firmemente marcado na consciência individual, correspondendo à referência fundamental no processo de permanente formação da identidade pessoal.

Porém, a socialização primária não é a única que conhecemos no curso de nossas vidas. Todas as sociedades têm mecanismos de divisão do trabalho e de distribuição de conhecimento e, pouco a pouco, os indivíduos vão travando contato com outras redes de referência. Por isso, com o progressivo amadurecimento do indivíduo, o processo de socialização modifica-se e evolui de primário para secundário. Vejamos, a seguir, quais as características desse segundo tipo de socialização e seus efeitos sobre a constituição identitária.

A socialização secundária

Quando uma criança começa a vida escolar, em seus primeiros anos de vida, não demora a perceber que o mundo social não se restringe àquela realidade aprendida junto à família. Surgem, de imediato, *outros signifi-*

cantes (como colegas e professores) e, com eles, novas regras e padrões de conduta. Sabemos, no entanto, quão difícil pode ser a chegada de uma criança à escola. Muitas vezes ela passa por um período mais ou menos longo de adaptação, durante o qual os pais a acompanham de perto em sua inserção no novo mundo representado pela escola.

A situação descrita acima é bastante familiar a todos nós. Quantas vezes não nos sentimos inseguros ou até mesmo acuados ao chegar a um novo universo de socialização, como uma nova escola, a entrada na universidade, um novo trabalho? Tais situações se sucedem ininterruptamente ao longo de nossas vidas, e é a elas que Berger e Luckmann se referem ao falar em *socialização secundária*.

Em linhas gerais, a *socialização secundária* pode ser definida como a constante e sucessiva internalização de "submundos sociais" por parte de um indivíduo já socializado. Isso significa que, uma vez completado o processo de *socialização primária*, o indivíduo, não mais restrito ao seu universo familiar, passa a adquirir novos conhecimentos relacionados a funções específicas, sendo introduzido em novos setores ou grupos de sua sociedade. Progressivamente, o mundo da escola e do trabalho, com seus diversos papéis, substituem a família na tônica do processo de socialização.

A *socialização secundária* se caracteriza, portanto, pela internalização de regras sociais próprias a cada grupo no qual o indivíduo se insere. As regras válidas na escola não correspondem, certamente, aos padrões de comportamento esperados numa instituição militar, num clube de futebol ou até mesmo numa universidade. No entanto, um mesmo indivíduo pode participar de todos esses "submundos" ao longo da vida, acumulando o aprendizado referente a cada um deles.

Berger e Luckmann chamam a atenção para o fato de que, conforme mencionado, o ingresso em um novo universo de referências sociais não é necessariamente fácil. Na *socialização secundária,* o indivíduo percebe que, ao contrário de sua certeza inicial, o mundo internalizado na *socialização primária* não é o único existente; percebe que, na verdade, aquele mundo é apenas o primeiro que conheceu entre os muitos outros disponíveis. Assim, ao pôr em contato os padrões normativos aprendidos entre os agentes de sua *socialização primária* (a família, em especial) com os padrões norma-

Unidade II – A construção da identidade social

tivos vigentes nas instituições da *socialização secundária*, o indivíduo pode enfrentar uma série de conflitos identitários.

O senso comum a respeito das dificuldades enfrentadas na adolescência pode servir de exemplo: na transição para a vida adulta, o jovem já não restringe seu universo de referências sociais à família e à escola, passando a participar de cada vez mais "submundos". Os valores e padrões de comportamento aprendidos ao longo da infância são contrapostos a lógicas de atuação e concepções de mundo muito distintas, fazendo com que o indivíduo passe, inevitavelmente, por um processo de transformação da identidade adquirida na socialização primária.

É importante ressaltar, no entanto, que a concepção de mundo internalizada pela criança ao longo de sua *socialização primária* é infinitamente mais forte na composição identitária de um indivíduo do que os parâmetros internalizados posteriormente. Assim, do mesmo modo que um idioma secundário é aprendido sempre em comparação à língua materna, a *socialização secundária* acontece sempre em relação à *socialização primária*. Nessa medida, podemos dizer que os "submundos" interiorizados na socialização secundária são, contrastados com o mundo da socialização primária, realidades parciais.

Isso se deve, em grande medida, ao fato de que, enquanto a *socialização primária* depende de uma ligação emocional da criança, pressupondo um alto grau de identificação com seus "outros significativos", os processos de *socialização secundária* são marcados por um maior distanciamento do indivíduo com relação aos papéis por ele assumidos (como, por exemplo, o de "aluno", "funcionário" etc.). Por esse motivo, os autores afirmam que os processos de "socialização secundária tratam com uma personalidade já formada e um mundo já interiorizado, e que isto representa um problema, porque a realidade interiorizada tem a tendência a persistir" (Berger e Luckmann, 2002:189).

Percebemos, assim, que a formação daquilo que reconhecemos subjetiva e objetivamente como nossa identidade pessoal está inevitavelmente relacionada aos processos de socialização nos quais tomamos parte. Seja na sua base mais rígida (adquirida na *socialização primária*) ou nos conflitos e transformações sofridos ao longo de nossas vidas (resultantes dos processos de *socialização secundária*), a identidade forma-se e remodela-se num incessante diálogo com o mundo social ao nosso redor.

Nesse sentido, podemos dizer, sem receio, que a identidade individual, marcada sobretudo pela singularidade objetiva e subjetiva, desenvolve-se em meio ao tripé formado pelas interações, pela consciência e pela estrutura social. Daí podemos concluir que a identidade é, certamente, "um fenômeno que deriva da dialética entre um indivíduo e a sociedade" (Berger e Luckmann, 2002:230).

SEÇÃO 10 — Memória e identidade social[9]

O caráter social da memória

Nas duas seções anteriores abordamos diferentes aspectos daquele fenômeno mais amplo a que vimos nos referindo como "a dialética indivíduo/sociedade": as relações entre trajetórias de vida e tempo histórico, e entre identidade e socialização. Veremos agora uma terceira possibilidade de reflexão a respeito dessa mesma temática, a partir da análise de um aspecto bastante familiar à vida cotidiana de todos nós — a memória. Assim como nos dois eixos anteriormente trabalhados, pensar a memória como objeto de estudo sociológico traz à tona questões sobre os limites das manifestações individuais como meio de compreensão sobre o todo social. Afinal, nossa memória é composta daquilo que lembramos nas profundezas de nossa individualidade e, como tal, é algo que pertence ao foro íntimo de cada pessoa. Como será, então, que as Ciências Sociais lançaram mão da memória como recurso válido de análise sobre a sociedade?

Antes de enfrentarmos essa questão, é preciso refletir, ainda que brevemente, sobre a própria definição de memória. Será que, conforme dito acima, a memória diz respeito somente ao nosso repertório íntimo, às nossas lembranças individuais? Hoje em dia é comum usarmos o termo "memória" em contextos bem diversos. Na medicina, por exemplo, diz respeito basicamente à capacidade neurológica de retenção de informações no

---

[9] Texto de referência: Pollak (1992:200-212).

Unidade II – A construção da identidade social

curto e no longo prazo; por outro lado, na informática, refere-se às potencialidades técnicas de armazenamento de dados por parte de determinado equipamento. E nas Ciências Sociais?

A atenção à dimensão da memória por cientistas sociais não é exatamente um fenômeno recente. Já na década de 1920, o sociólogo Maurice Halbwachs se propôs analisar aquilo que chamou de "memória social", dando o ponto de partida para toda uma tradição de estudos na área. De acordo com a proposta pioneira desse autor, a memória deveria ser pensada como um fenômeno situado entre a consciência individual e a coletividade, ou, em outras palavras, entre o indivíduo e a sociedade. Mas como relativizar a individualidade exclusiva de um fenômeno que acontece indiscutivelmente dentro dos limites neurológicos e psicológicos de cada um?

Em seu livro *A memória coletiva*, Halbwachs afirma que a memória, apesar de manifestar-se individualmente, corresponde a um substrato de conhecimento coletivo e culturalmente compartilhado por determinado grupo em determinado contexto. Essa perspectiva defende, assim, que a memória é produto da convivência coletiva, e não fruto das particularidades de cada indivíduo; portanto, cada qual teria sua memória condicionada por seus grupos de referência e pertencimento (como família, escola, classe social etc.). Nesse sentido, podemos dizer que a memória coletiva acaba por reforçar as identidades de pertencimento por meio da adesão afetiva, demarcando pontos de aproximação culturais e sociais entre grupos de indivíduos.

Essa dimensão coletiva da memória traz ainda uma implicação que toca em sua própria definição: o fato de que não é algo pronto, mas sim algo permanentemente construído de acordo com as configurações e contextos relativos ao grupo ao qual ela se refere, ou seja, a memória não corresponderia à "reprodução" do passado, e sim à sua *reconstrução permanente* através de experiências vividas coletivamente. Isso implica também pensar a memória como algo que se atualiza (e que pode se modificar) nos momentos em que é acionada. A memória seria, assim, uma *imagem partilhada do passado* em permanente processo de negociação.

Onde fica, então, a dimensão individual da memória? Admitir seu caráter eminentemente social implica abrir mão do nível individual na análise sociológica do fenômeno?

Tais questões foram enfrentadas por Michel Pollak, que, partindo das proposições de Halbwachs, porém delas se distanciando em alguns aspectos, dedicou grande parte de sua obra às tensões que o tema da memória suscita a respeito da dialética entre o nível individual e o social. Mas o que nos interessa aqui é, considerando a dupla natureza da memória (individual e coletiva), o modo com o qual Pollak investiu nas relações entre os processos de construção da memória e de constituição da identidade social.

Memória individual e coletiva

Imagine um exercício no qual você seja convocado a traçar sua biografia. Seria certamente impossível que você relatasse tudo o que se lembra sobre seu passado, e, portanto, seria necessário que escolhesse determinados pontos e acontecimentos para compor a narrativa de sua trajetória. Ao final do exercício, os fatos escolhidos na composição de sua biografia resultariam numa construção específica a respeito de si.

Tal exercício poderia ser proposto em contextos diversos, como na escola, numa reunião familiar ou ainda numa entrevista de emprego. Certamente os elementos escolhidos na composição da narrativa iriam variar conforme a situação, privilegiando determinados fatos de acordo com o contexto em que fossem atualizados e os interlocutores com os quais interagíssemos. Vemos assim que, para além do caráter essencialmente individual e subjetivo, a memória é também fruto da dinâmica da interação que ocorre nos momentos em que ela é acionada.

Isso acontece porque a memória não é o registro de *tudo* o que se passou. Ela é necessariamente *seletiva*, envolvendo uma escolha entre o que deve ser esquecido e o que deve ser lembrado, correspondendo sempre a uma *construção* permanentemente sujeita a mudanças e flutuações.

Um conto de Jorge Luís Borges é bastante eloquente a respeito da impossibilidade de se preservar, física e mentalmente, todo o passado. Em "Funes, o Memorioso" (1942), Borges descreve a vida atormentada de Funes, que se lembrava de absolutamente tudo que vivera, em todos os mínimos detalhes, não conseguindo fazer seleções e, portanto, não conseguindo efetivamente pensar sobre a realidade. Se estamos acostumados

UNIDADE II – A CONSTRUÇÃO DA IDENTIDADE SOCIAL

a pensar que o principal mecanismo da memória é *guardar* impressões, o conto de Borges mostra que o fundamental é *selecionar*, entre a infinidade de impressões, aquelas poucas de que vamos nos lembrar, em momentos determinados de nossa vida.

É claro, contudo, que as variações de nossa memória ocorrem sobre um substrato irredutível, composto por marcos e/ou fatos mais estáveis e, do ponto de vista do indivíduo, muitas vezes considerados imutáveis. Nas palavras de Pollak, é como se alguns elementos se tornassem realidade, passando a fazer parte da própria essência da pessoa, "muito embora outros tantos acontecimentos e fatos possam se modificar em função dos interlocutores, ou em função do movimento da fala" (Pollak, 1992:2).

Com base em tais pressupostos, resta compreender do que é, afinal de contas, constituída a memória. Pollak aponta três tipos de elementos.

1. *Acontecimentos* — podem ser aqueles vivenciados pessoalmente ou "por tabela", ou seja, acontecimentos que compõem o repertório da coletividade à qual o indivíduo sente pertencer.
2. *Personagens* — podem compor nossa narrativa biográfica pessoas que fazem parte das nossas relações diretas (como parentes, amigos etc.) e pessoas que, mesmo que não presencialmente, marcaram nossa trajetória (como políticos, artistas etc.).
3. *Lugares* — nossa memória pode se apoiar em espaços e locais concretos, diretamente ligados às nossas experiências pessoais, mas também em locais que remetam abstratamente a lembranças sem uma ancoragem cronológica precisa (como os monumentos remetem a um evento relevante à nossa coletividade).

É fácil perceber que os três elementos apontam em um mesmo sentido: o fato de que a memória não se constitui apenas do repertório adquirido no decorrer da vida física da pessoa; ela é também composta de elementos herdados, que podem ser tanto "verdadeiros" (no sentido de fundados empiricamente em fatos, personagens e lugares concretos) quanto transferências ou projeções de outros eventos, pessoas e lugares. Vemos assim que os mecanismos de permanente construção da memória (sejam eles conscientes ou não) atuam, nas palavras de Pollak (1992:204), conforme "um verdadeiro trabalho de organização", partindo de repertórios sociais e individuais na composição de uma narrativa coesa e, ainda assim, fluida.

Não é, no entanto, apenas a memória individual que está sujeita a tais variações. Apesar de mais organizada, a memória de um grupo ou sociedade também emerge como resposta a estímulos diversos, não podendo, portanto, ser tomada como produto de uma objetividade inequívoca. Vejamos, por exemplo, o caso das datas que compõem o calendário de comemorações nacionais. Desde a escolha de marcos políticos (como a declaração da Independência ou a proclamação da República) até a seleção dos personagens a serem celebrados (como Tiradentes), o calendário oficial carrega em si um conjunto bastante complexo de lutas políticas. A questão que se impõe, neste caso, é "o que merece ser lembrado?", pergunta que vem inevitavelmente acompanhada de uma não menos relevante reflexão sobre o que deve, sob o ponto de vista de uma memória oficial, ser esquecido. Isso já foi abordado, por outro ângulo, na seção 8, quando Everett Hughes se referiu ao fato de que movimentos de transformação social muitas vezes buscam modificar o calendário anterior.

Um exemplo interessante, no caso brasileiro, é o feriado de 20 de novembro, data da morte de Zumbi dos Palmares, que celebra o Dia da Consciência Negra. A lei que instituiu o feriado data de 2003, e a iniciativa se apresentou como uma tentativa de "resgate" da memória de um grupo social cuja importância na história brasileira estava até então "esquecida" pelo calendário oficial do país. Não menos reveladoras foram as inúmeras celebrações feitas ao longo do ano 2000 por ocasião dos 500 anos da chegada dos portugueses ao Brasil. Comemorando o descobrimento, a comissão oficial se encarregava de ressaltar a importância da data, insistindo no ano de 1500 como marco inaugural da história da nação. Por outro lado, diversos grupos investiram no esvaziamento do sentido da comemoração, buscando evidenciar a inadequação da ideia de "descobrimento" — pois já havia populações indígenas vivendo aqui há muito tempo — e, na mesma medida, frisar a relevância do não esquecimento da violência que marcou o contato entre portugueses e indígenas. Não menos relevante é a questão das escolhas que orientam a composição dos currículos escolares: O que será lembrado? Que datas receberão atenção? Que histórias serão consideradas importantes para todos e deverão integrar os livros e os saberes necessários aos alunos para que sejam aprovados?

Vemos, assim, que a memória coletiva não pode, sob nenhum aspecto, ser tomada como um campo de coesão, consenso e homogeneidade. Pelo contrário, é palco de acirradas disputas entre memórias concorrentes, emergindo como resultado de um complexo e permanente processo de negociação. Afastando-se de Halbwachs, Pollak preferiu não tomar a "memória coletiva" como algo dado, e buscou revelar como ela se constitui de mecanismos de "enquadramento da memória".

Não podemos esquecer, contudo, que tais disputas se justificam pelo fato de que a construção de uma memória coletiva é um importante fator de ordenação de grupos e instituições. Isso porque, ainda segundo Pollak, seria fruto de uma "operação coletiva dos acontecimentos e das interpretações do passado que se quer salvaguardar", cujo sentido seria "manter a coesão dos grupos e das instituições que compõem uma sociedade, para definir seu lugar respectivo, sua complementaridade, mas também as oposições irredutíveis" (Pollak, 1989:9). A memória coletiva serviria, assim, ao propósito de estabelecer vínculos de pertencimento, fazendo do compartilhamento de determinado repertório o amálgama que une diferentes pessoas em uma mesma unidade social.

Tais considerações nos levam a uma reflexão acerca da relação inescapável entre memória e identidade social, tratada a seguir.

Memória e identidade social

Quem é você? A resposta a tal pergunta mobiliza, para além de características atribuídas àquilo que reconhecemos como nossa "personalidade" (como temperamento, gostos etc.), boa parte dos elementos empregados no suposto exercício de escrita de uma autobiografia sugerido no item anterior. Isso porque descrever (e explicar) quem somos demanda, em grande medida, o recurso a aspectos inescapáveis de nossa história de vida, numa estratégia quase espontânea de estabelecer relações de causalidade que confiram certa coerência e linearidade à construção do "eu".

De acordo com Pollak, a identidade pode ser compreendida como "a imagem que uma pessoa adquire ao longo da vida referente a ela própria, a imagem que constrói e apresenta aos outros e a si própria, para acreditar na própria representação, mas também para ser percebida da maneira como quer ser percebida pelos outros" (Pollak, 1992:204). Tal definição deixa clara a ideia de que, assim como a memória, a identidade não deve ser tomada como uma realidade fixa, imutável, e sim como uma construção sujeita ao tempo e às contingências. Mas, antes de dar prosseguimento à discussão acerca da estreita ligação fenomenológica entre a memória e o sentimento de identidade, é preciso recordar aqueles que são, segundo Pollak, os elementos essenciais ao processo de construção identitária, seja ela individual ou grupal:

- unidade física (como o corpo, no caso individual, ou fronteiras territoriais, no caso de uma nação, por exemplo);
- continuidade dentro do tempo (no sentido físico, mas também moral);
- sentimento de coerência (unificação dos diferentes elementos).

Entre tais elementos o sentimento de coerência é, sem dúvida, aquele que evoca mais diretamente a relação entre identidade e memória. Isso porque, ainda conforme o autor, a memória é "um fator extremamente importante do sentimento de continuidade e de coerência de uma pessoa ou de um grupo em sua reconstrução de si" (Pollak, 1992:204), uma vez que aciona os mecanismos de ordenação do vivido, conferindo-lhe unidade e, não raro, linearidade. Ou seja, o apelo à narrativa memorial emerge como recurso valioso no exercício de criação de laços lógicos e/ou simbólicos entre os muitos eventos que dão corpo a uma trajetória individual ou coletiva, amparando a construção do sentido de coerência identitária.

É claro que o recurso à memória como meio de construção de continuidades em meio à fragmentação da vida cotidiana assume formas distintas conforme o indivíduo e o grupo social que o aciona. No caso das camadas mais altas e intelectualizadas da nossa sociedade, por exemplo, a psicanálise representa um caminho privilegiado para sua expressão em nível individual, enquanto em outros segmentos o movimento de conversão religiosa assume, não raro, tal papel. Já quando se trata da construção de uma identidade de natureza coletiva (como o sentimento de nacionalidade, por exemplo), vemos a evocação da memória surgir como meio de supressão das diferenças entre os muitos indivíduos que dela partilham, de modo a realçar o que lhes é comum.

Atuando reciprocamente, os processos de construção (e de reconstrução) da memória e da identidade não podem, portanto, ser tomados como "essências" fixas, e sim como elementos permanentemente "negociados". É nesse sentido que Pollak defende que a memória individual atua como uma constante *reconstrução de si*, uma vez que as histórias de vida não são apenas relatos de fatos, mas também (e principalmente) instrumentos de *reconstrução da identidade*.

Podemos dizer, em suma, que a memória — e seu permanente processo de (re)construção — aparece como garantia de identidade à medida que permite reunir em torno de um "eu" ou de um "nós" tudo aquilo que já foi feito e/ou vivido pelo indivíduo ou coletividade em questão.

Temas para discussão

- Como cada aluno escreveria, em uma página, uma redação sobre "A história da minha vida"? Que elementos seriam destacados por cada um? O que priorizar e selecionar? Que elementos coletivos, presentes em vários trabalhos, marcariam o pertencimento a uma mesma "geração" — isto é, a um conjunto de pessoas que possui experiências e pontos de referência comuns?
- Ler o texto "Funes, o Memorioso" (1942), de Jorge Luís Borges, analisando-o a partir do texto de Pollak sobre identidade e memória. Estamos acostumados a pensar que o principal mecanismo da memória é guardar impressões. O conto de Borges exemplifica, ao contrário, a impossibilidade de se preservar, física e mentalmente, todo o passado. O conto nos revela que o fundamental é selecionar, entre a infinidade de impressões, aquelas poucas de que vamos nos lembrar, em momentos determinados de nossa vida.

SEÇÃO 11 — Disciplina e enquadramento dos indivíduos[10]

Disciplina e controle

A seção 9 discutiu como se dá o processo de internalização do mundo social pelos indivíduos, refletindo sobre as dinâmicas de socialização necessariamente implicadas na construção da identidade. Vamos, agora, analisar outra dimensão daquele mesmo fenômeno — o aprendizado (e a incorporação) da disciplina como parte essencial do "estar no mundo". Como devemos nos comportar? Quais as consequências da não observância às normas de comportamento? Quem se encarrega de zelar por elas?

Foram perguntas como estas que levaram Michel Foucault a dedicar-se à questão mais ampla da relação entre verdade e poder, analisando a emergência daquilo a que denominou "sociedades disciplinares". Atento às formas de organização social do mundo moderno, Foucault buscou compreender as condições de surgimento e de multiplicação de novos mecanismos de controle que acabaram por conformar lógicas bastante peculiares de exercício do poder, às quais respondemos de forma natural e até mesmo automática.

Situando nos séculos XVII e XVIII o processo a que chama de *desbloqueio tecnológico da produtividade do poder*, o autor sugere que a emergência da modernidade trouxe consigo novas formas de saber, e, com elas, novos dispositivos disciplinares que levaram a premissa da vigilância ao cerne da vida cotidiana do indivíduo comum.

A expansão do alcance da racionalidade humana, fruto direto do Iluminismo, traduzia-se numa verdadeira proliferação de saberes, fazendo surgir campos de conhecimento como a Biologia, a Psicologia e a própria Sociologia. O investimento nessas novas formas de saber (não por acaso chamadas "disciplinas") propunha um claro esforço de classificação e normatização do mundo natural e social, valendo-se da legitimidade da "verdade científica" para criar padrões de normalidade. Surgia, então, a figura do "especialista", autoridade em determinado assunto e portador de uma

---

[10] Texto de referência: Foucault (1987).

legitimidade que, sob os auspícios da "verdade", o habilitava a dizer o que deveria e o que não deveria ser considerado "normal".

Tal processo trouxe consigo a progressiva organização e classificação científica dos próprios indivíduos. Diante dos desvios daqueles tidos como parâmetros de normalidade, teve início a formação de um quadro cada vez mais complexo de "patologias sociais", assim designadas por saberes especializados aos quais caberia não apenas seu diagnóstico como também sua "cura". Não por acaso, são daquele período o nascimento de instituições como o hospital — com regras muito precisas de separação dos diferentes tipos de doentes — e a escola — legítima porta-voz dos comportamentos desejáveis, dos conteúdos necessários e da didática adequada.

É claro, contudo, que o princípio mais amplo do controle e da disciplina é muito anterior ao desenvolvimento dos saberes ditos científicos. A especificidade do mundo moderno estaria, nesse sentido, no desenvolvimento generalizado de técnicas disciplinares fortemente calcadas nas premissas da vigilância e da classificação. Tomemos como exemplo o cenário com o qual Foucault abre o texto. O autor descreve uma cidade no final do século XVII que, tomada pela peste, passa a ser ordenada por um ostensivo policiamento espacial que visava garantir que os habitantes não saíssem de suas casas. Dividida em quarteirões sob o poder de intendentes e em ruas postas a cargo de síndicos, a cidade passava a figurar como um espaço intensamente recortado, no qual os habitantes estavam sob vigília constante. Entre "vivos", "doentes" e "mortos", os indivíduos eram permanentemente expostos à ânsia classificatória das autoridades que viam no princípio da *ordem* a única resposta possível às ameaças da peste. Designando a cada qual *seu* lugar prescrito, "contra a peste que é mistura, a disciplina faz valer seu poder que é de análise" (Foucault, 1987:163).

Ao modelo de controle disciplinar de proliferação da peste Foucault opõe os antigos parâmetros de gestão dos perigos da lepra, segundo os quais os enfermos deveriam ser sumariamente excluídos da sociedade, formando uma grande e confusa massa apartada do todo social. Assim, entre o exílio dos leprosos e a prisão da peste estaria a distância entre dois sonhos políticos: um é o de uma comunidade pura; o outro, o de uma sociedade disciplinar.

O exemplo funciona como uma deixa para a tese de que, munida de saberes e de especialistas, a sociedade moderna teria se voltado progressivamente à implementação da lógica disciplinar nos mais variados campos da ordenação social, num movimento que se traduziria, nas palavras do autor, numa "penetração do regulamento até nos mais finos detalhes da existência e por meio de uma hierarquia completa que realiza o funcionamento capilar do poder" (Foucault,1987:175). Em outras palavras, na sociedade moderna a inexorável especialização do saber teria dado corpo ao desenvolvimento de técnicas de controle, classificação e vigilância que teriam se ramificado pela sociedade por meio de uma cadeia hierárquica que, partindo de um poder central, se multiplicaria numa interminável rede de poderes interligados.

Foucault alerta, por outro lado, para o fato de que a lógica da exclusão e a lógica da ordenação disciplinar são antes complementares do que propriamente opostas. Isso significa que, apesar do claro investimento em saberes que dão respaldo ao desenvolvimento de técnicas de segmentação postas a serviço da ordem disciplinar, assim como nos longínquos tempos do combate à lepra da maneira descrita por Foucault, nossa sociedade também opera segundo o princípio da exclusão. Prisões, hospitais e hospícios, por exemplo, são apenas instituições inteiramente dedicadas à permanência de pessoas que, uma vez classificadas como "perigosas", "doentes" ou "loucas", devem ser postas à margem do convívio social. Tais instituições, no entanto, apesar de praticarem a exclusão, funcionam de acordo com saberes específicos (a criminologia, a medicina e a psiquiatria, por exemplo), assumindo a tarefa de controlar os "anormais" por meio de dispositivos disciplinares, de modo a restituir-lhes à "normalidade" e, assim, devolvê-los ao convívio social.

Mas como funcionariam, na prática, tais instituições? Como se viabilizaria, materialmente, essa conjunção entre os princípios da exclusão e do assim chamado "quadriculamento disciplinar"? De que forma a premissa da ordenação disciplinar poderia operar um controle efetivo e generalizado numa sociedade cada vez populosa e complexa? Como veremos a seguir, Foucault recorreu à arquitetura para responder a tais questões.

O panóptico

Em 1875 o filósofo e jurista inglês Jeremy Bentham idealizou um sistema arquitetônico peculiar destinado a abrigar centros penitenciários. Após estudar "racionalmente" (nas suas próprias palavras) a lógica de funcionamento de tais instituições, o pensador desenvolveu um projeto de prisão circular cuja concepção se baseava no princípio de que todos os detentos pudessem ser vigiados por um único observador. Nascia assim o panóptico (pan = tudo/todos; óptico = olhar), modelo de construção que fazia da onipresença do olhar vigilante a garantia do controle institucional, de modo que o projeto arquitetônico e a ordenação social atuassem em perfeita harmonia.

O panóptico se definia, em linhas gerais, por ser um edifício em forma de anel em cujo centro deveria haver uma torre. No anel — dividido em celas individuais com aberturas para as duas faces da estrutura — estariam os detentos; e na torre — com janelas voltadas à face interna do anel — ficaria o vigia, cujo olhar seria capaz de atravessar cada uma das celas. Invertendo o princípio das antigas masmorras, onde a escuridão guardava os prisioneiros, no panóptico era justamente a luminosidade das celas que garantia o controle dos detentos, tornando-os vulneráveis à observação do vigia. O projeto previa ainda jogos de luz que permitissem ao observador uma visão total dos presos, enquanto estes não teriam qualquer acesso visual ao interior da torre, de modo que não pudessem sequer saber se havia ou não um vigia de plantão.

Não tardou para que Bentham percebesse que o panóptico servia não apenas à manutenção do controle das casas prisionais, sendo também útil ao bom funcionamento de escolas, fábricas, hospitais e outras instituições. Além de celas com prisioneiros, a estrutura do panóptico poderia abrigar salas com alunos ou quartos com doentes, revelando que o princípio da vigilância, aplicado a diferentes instâncias do controle social, despontava como importante aliado na implementação da disciplina.

De acordo com Foucault, o panóptico representou a forma mais bem acabada daquele processo de disseminação sistemática de dispositivos disciplinares que se dispôs a analisar. Mais que um modelo arquitetônico, o filósofo viu ali um modelo de ordenação social que tinha na constância do olhar vigilante a mais importante premissa.

Segundo o autor, a eficácia disciplinar do panóptico advinha do fato de que sua estrutura transformava massas potencialmente perigosas em individualidades separadas, viabilizando o controle por parte do guardião. Mais importante do que isso, no entanto, seria o fato de que tal controle não dependia da efetiva permanência do vigia em seu posto: uma vez que a estrutura impedia que o observado visse o observador, o panóptico criava um sistema no qual a vigilância se fazia permanente nos seus efeitos, mesmo que não o fosse na sua ação. O objetivo era, em suma, que o prisioneiro se soubesse (ao menos potencialmente) permanentemente vigiado por um poder invisível, inverificável e, ao mesmo tempo, onipresente. O sentimento de que pudessem estar sendo vigiados a toda hora, mesmo sem conseguirem ver seu vigia, passava, assim, a ser internalizado pelos presos.

O panóptico acabava por dissociar o par ver/ser visto, automatizando e desindividualizando o exercício do poder:

> O Panóptico [...] tem seu princípio não tanto numa pessoa como numa certa distribuição concertada dos corpos, das superfícies, das luzes, dos olhares; numa aparelhagem cujos mecanismos internos, produzem a relação na qual se encontram presos os indivíduos [...]. Pouco importa, consequentemente, quem exerce o poder. Um indivíduo qualquer, quase tomado ao acaso, pode fazer funcionar a máquina: na falta do diretor, sua família, os que o cercam, seus amigos, suas visitas, até seus criados [...]. Quanto mais numerosos esses observadores anônimos e passageiros, tanto mais aumentam para o prisioneiro o risco de ser surpreendido e a consciência inquieta de ser observado [Foucault, 1987:167].

O panóptico representava, ainda, a materialização da substituição da lógica da punição pela lógica da prevenção. Isso porque, ao sujeitar o detento a um permanente estado de visibilidade, ele acabava por privá-lo da *possibilidade* de fugir às regras. Desfazia-se a necessidade do combate à desordem através da violência física, fazendo dos mecanismos de ordem psicológica a base sobre a qual se sustentava o sistema de controle. Daí a

Unidade II – A construção da identidade social

impressão de "leveza" atribuída por Bentham à sua criação: ao abrir mão do uso da força como meio de garantia do bom comportamento, as construções panópticas prescindiam de recursos ostensivos como correntes, cadeados e fechaduras, bastando que as separações entre as celas fossem nítidas e as aberturas bem distribuídas.

Mais interessado no princípio logístico do que propriamente nas peculiaridades arquitetônicas do panóptico, Foucault chamou a atenção para a relevância de tal invento na consolidação da assim chamada "sociedade disciplinar". Atento ao fenômeno mais amplo do "panoptismo", o autor defende que ele teve para a ordem do poder a importância que a máquina a vapor teve para a ordem da produção. Representando uma inovação tecnológica sem precedentes no campo do exercício do controle, o panóptico teria o mérito (até então inédito) de exercer sua eficácia, a uma só vez, sobre o corpo individual e sobre o corpo social. Não se tratava portanto de uma inovação arquitetônica que levou ao surgimento de um novo tipo de controle social. Para que o panóptico pudesse existir e ser disseminado como modelo, era preciso que já existisse o *sonho* de uma sociedade disciplinar.

Isso nos leva a outra constatação: a de que, no *panoptismo*, a vigilância se espraia por toda a sociedade, envolvendo indivíduos com diferentes posições hierárquicas numa mesma trama disciplinar. Assim como os detentos, o vigia que os observa é também observado por um inspetor, e assim sucessivamente. Cria-se, desta maneira, um sistema no qual todos observam e são observados, num mecanismo de "desconfiança total e circulante". Nas palavras do autor, no panóptico "uma sujeição real nasce mecanicamente de uma relação fictícia, de modo que não é necessário recorrer à força para obrigar o condenado ao bom comportamento, o louco à calma, o operário ao trabalho, o escolar à aplicação, o doente à observância das receitas" (Foucault, 1987:167).

Econômico e eficaz, o panóptico permitia reduzir drasticamente o número de pessoas que de fato *exerciam* o poder e, ao mesmo tempo, multiplicar o montante de indivíduos a ele submetidos. Calcado no princípio da *prevenção*, esse modelo disciplinar seria, ainda segundo Foucault, uma espécie de "Ovo de Colombo" na ordem política, o que seria verificável pela extensão de sua aplicabilidade. Nesse sentido, o autor procura demonstrar que o princípio do *panoptismo* não se limitou à materialidade arquitetônica do panóptico, deixando de reger apenas instituições fechadas para se disseminar em focos de controle por toda a sociedade através do princípio do disciplinamento. Isso porque, ainda de acordo com o autor, (Foucault, 1987:186), a disciplina

> é um tipo de poder, uma modalidade para exercê-lo, que comporta todo um conjunto de instrumentos, de técnicas, de procedimentos, de níveis de aplicação, de alvos; ela é uma "física" ou uma "anatomia" do poder, uma tecnologia.

O panóptico seria, assim, um *modelo generalizável*, uma "figura de tecnologia política" (Foucault, 1987:181) que cria um modelo de mecanismo disciplinar que atravessa toda a sociedade. Vivendo na permanente condição de observados e de observadores, os indivíduos do mundo moderno estariam inevitavelmente imersos na malha da vigilância, compondo, ativamente, a "sociedade disciplinar" a que se refere Foucault.

Não por acaso, Foucault encerra seu texto com a seguinte questão: "devemos ainda nos admirar que a prisão se pareça com as fábricas, com as escolas, com os quartéis, com os hospitais, e todos se pareçam com as prisões?" (Foucault, 1987:187).

SEÇÃO 12 — A sociedade disciplinar

Não é difícil identificar, nos dias atuais, elementos do *panoptismo* analisado pelo autor. Em lojas, elevadores, restaurantes, bancos e até mesmo em instituições de ensino, somos constantemente vigiados por câmeras de vídeo, protagonizando involuntariamente imagens que podem ser vistas (ou não) por alguém que não conhecemos. Avisos de "Sorria, você está sendo filmado!" fazem parte da nossa paisagem diária, nos alertando para o fato de que qualquer atitude "suspeita" será devidamente registrada. Na mesma medida, a crescente popularidade das redes sociais nos habilita a "observar" cada vez mais pessoas (e, claro, ser por elas observada), em mais uma amostra da força com que a premissa da vigília se espraia por todo o corpo social.

UNIDADE II – A CONSTRUÇÃO DA IDENTIDADE SOCIAL

O controle de tudo que se passa na internet adquiriu dimensões de escândalo internacional quando, em 2010, a organização WikiLeaks publicou grandes quantidades de documentos confidenciais do governo dos Estados Unidos. Pouco depois, em 2013, Edward Snowden, um ex-funcionário terceirizado que trabalhou para a CIA — a Agência Central de Inteligência dos Estados Unidos —, revelou detalhes de um extenso sistema de vigilância exercido sobre inúmeros telefones e mensagens de internet em todo o mundo. A discussão sobre a privacidade possível na internet tornou-se, progressivamente, uma questão ao mesmo tempo dramaticamente importante e difícil de resolver.

Cada vez mais sutil e eficaz, portanto, o *panoptismo* se faz presente em inúmeras atividades cotidianas que permitem que nossas ações sejam potencialmente rastreadas por outras pessoas (ou instituições), como quando entramos em um site na internet, trocamos mensagens em uma rede social, pagamos nossas despesas com cartões de crédito, falamos ao celular etc. Quais seriam, na visão de Foucault, as especificidades da assim chamada "sociedade disciplinar"? Em que medida podemos afirmar que ela despontou como lógica de ordenação social característica do mundo moderno?

Para Foucault, o princípio disciplinar responde basicamente a três critérios:

❑ tornar o exercício do poder menos custoso (tanto em termos econômicos quanto políticos);
❑ fazer com que os efeitos do poder tenham a maior abrangência possível;
❑ potencializar o crescimento da "docilidade" e da utilidade de todos os elementos do sistema, de modo que funcione com cada vez mais eficácia e menos sobressaltos.

Esse "triplo objetivo" da ordenação disciplinar não deve, de forma alguma, ser tomado como um conjunto aleatório de diretrizes que a história revelou acertadas. Pelo contrário. Foucault defende que a progressiva centralidade assumida pela disciplina se insere numa conjuntura histórica mais ampla, marcada por processos que a tiraram das posições marginais que ocupava na sociedade (caracterizando mecanismos de exclusão) e a aproximaram cada vez mais dos setores centrais da ordenação social (como as manufaturas, o Exército, as escolas etc.). Tais processos foram, segundo o autor, marcados por três classes de fenômenos observados no decorrer do século XVIII.

□ A grande explosão demográfica, que acarretou a "mudança da escala quantitativa dos grupos que importa controlar" (Foucault, 1987:180). O aumento populacional levava à demanda por mais hospitais, escolas, presídios etc., assim como ao crescimento do aparelho produtivo que se mostrava cada vez mais extenso e complexo. Naquele cenário a "antiga" forma de poder se tornava demasiado cara e dispendiosa, além de pouco eficaz.

□ As transformações jurídico-políticas, que fizeram da burguesia a classe politicamente dominante. Ainda que o domínio político da burguesia se sustentasse sobre um quadro jurídico explícito e pretensamente igualitário, haveria, de acordo com Foucault, uma vertente "obscura" nos mecanismos de poder implementados pela burguesia, que teria feito dos "sistemas de micropoder" disciplinantes a base daquela estrutura mais ampla: "As disciplinas reais e corporais constituíram o subsolo das liberdades formais e jurídicas. [...] As 'Luzes' que descobriram as liberdades inventaram também as disciplinas" (Foucault, 1987:183).

□ O surgimento e a formação de novos saberes. O investimento em novos campos de conhecimento formava uma dinâmica de reforços recíprocos com os mecanismos de potencialização do exercício do poder. Surgem a medicina clínica, a psiquiatria, a psicopedagogia, a administração "científica" do trabalho. Ao lado do desenvolvimento das tecnologias industriais, muito lembradas e celebradas, surge também uma tecnologia dos indivíduos, o *panoptismo*.

O panóptico de Bentham teria sido, assim, a expressão concreta da convergência entre aqueles fenômenos historicamente engendrados. O *panoptismo* reunia exemplarmente as quatro operações-base do saber disciplinar (seleção, normatização, hierarquização e centralização), despontando como metonímia de uma ordenação social na qual o poder se exerce através do uso "de instrumentos simples: o olhar hierárquico, a sanção normalizadora e a sua combinação num procedimento que lhe é específico, o exame" (Foucault, 1987:143).

Mais do que uma preocupação com a definição histórica da emergência da sociedade disciplinar, vemos que Foucault desenvolve um esforço de redefinição do próprio conceito de *poder* no mundo moderno. Tradicionalmente definido como algo explícito, autoevidente, o poder, tal como descrito pelo filósofo, tem justamente na invisibilidade do seu exercício a garantia da sua força, uma vez que

> não existe isoladamente, mas depende de práticas ou relações de poder que se disseminam por todo corpo social. Não é algo que se possa dividir entre aqueles que possuem e o detém exclusivamente e aqueles que não possuem e lhe são submetidos. O poder deve ser analisado como algo que circula, ou melhor, como algo que só funciona em cadeia. Nunca está localizado aqui ou ali, nunca está nas mãos de alguns, nunca é apropriado como riqueza ou bem [Foucault, 1987:143].

Podemos dizer, no limite, que segundo essa perspectiva o poder não existe como algo "exterior" ao corpo social, e sim como algo que se exerce ou se pratica. O que existe são *relações de poder* que põem em prática uma dinâmica de autorregulação na qual os indivíduos, sujeitos a uma moral disciplinar, adéquam sua forma de estar no mundo. A lógica disciplinar, portanto, reuniria todos os membros de uma sociedade numa mesma trama de autoridade e submissão, fazendo com que os indivíduos internalizem determinadas normas e comportamentos que passam a lhes parecer naturais, automáticos.

Com reflexões como essas, Foucault constrói uma *microfísica do poder* que nos ajuda a refletir sobre os mecanismos de manutenção, aceitação e reprodução daquilo que reconhecemos como poder, partindo da certeza de que "o panóptico é a utopia de uma sociedade que atualmente conhecemos — utopia que realmente se realizou" (Foucault, 2005:87).

SEÇÃO 13 — Norma, desvio e divergência[11]

Marginais e desviantes

Na seção anterior vimos, com Michel Foucault, a gênese histórica e os princípios sociológicos dos mecanismos que garantem a observância a determinadas regras por meio do princípio da disciplina. Aquele autor buscou analisar os meandros do funcionamento do controle social nas sociedades modernas, denunciando a teia invisível sobre a qual se distribui o poder disciplinar que, no nosso dia a dia, nos leva a agir conforme as regras vigentes em nossa sociedade. Mas que regras são essas? Quem as elabora? Em que medida a desobediência a elas pode ser considerada uma transgressão?

No início da década de 1960, em meio a um cenário profundamente marcado por contestações de ordem cultural e política, o sociólogo americano Howard Becker lançou um estudo pioneiro dedicado àquelas questões, chamado *Outsiders*. Esta palavra, de difícil tradução em português, se aproxima do significado de "marginais" ou "desviantes", pessoas que são postas à margem ou fora do comportamento exigido por determinada regra. Seu livro se propunha a refletir sobre a questão da transgressão, relativizando não apenas pressupostos do senso comum como também muitas das certezas "científicas" então produzidas acerca do tema.

Partindo da premissa de que "todos os grupos fazem regras e tentam, em alguns momentos e em algumas circunstâncias, fazer com que elas sejam seguidas" (Becker, 2008:52), Becker tocava num assunto tão corriqueiro quanto sensível: quem define o que é "certo" e o que é "errado"; o que é "normal" e o que é "patológico"?

Todos nós nos deparamos cotidianamente com questões como estas. Da escolha da roupa que vestimos à maneira como falamos, passando pela conduta que adotamos no trânsito, estamos permanentemente tomando decisões que nos inserem ou nos excluem de padrões de normalidade que conhecemos bem. Quando vemos alguém dirigindo na contramão, usando

---

[11] Texto de referência: Becker (2008).

gírias numa situação formal ou ignorando códigos (ainda que implícitos) de vestimenta, não tardamos em acionar um vasto repertório de classificações, taxando como "infrator", "inadequado" ou mesmo "louco" o sujeito do nosso estranhamento. Isso porque pensamos e agimos conforme regras socialmente estabelecidas, segundo as quais determinadas formas de agir e pensar são aceitas, enquanto outras são proibidas ou tidas como equivocadas ou inadequadas.

Enquanto estudos anteriores abordavam essas questões buscando entender por que determinadas pessoas agiam socialmente de forma "errada", Becker propôs uma inversão analítica que deixava de lado o foco sobre o "infrator". Mais do que compreender as possíveis motivações daquele que burlou a norma, interessava a ele pensar "quem está definindo que tipos de atividade e de que maneira" — ou seja, quem define qual deve ser a regra e, não menos importante, quais as consequências de sua não observância. *Outsiders* foi, assim, um exercício analítico acerca do processo de *rotulação* daqueles que, por não seguirem determinadas regras, são considerados "marginais" ou "desviantes". Nas palavras do autor, seu esforço foi o de compreender "a situação de transgressão da regra e de imposição da regra e os processos pelos quais algumas pessoas vêm a infringir regras, e outras a impô-las" (Becker, 2008:15).

São muitas as regras e os tipos de regras a que estamos permanentemente sujeitos. Desde as formalmente estabelecidas (impostas pelo poder de polícia do Estado) até os acordos informais e não explícitos, as regras socialmente aceitas ordenam nosso cotidiano, normatizando comportamentos e condutas. Becker procura chamar a atenção para o fato de que as regras são comumente essencializadas e vistas como "naturais", o que nos faz perder de vista o processo de produção social que as origina e, não menos importante, o processo de imposição de rótulos àqueles designados como desviantes. Vejamos, então, como o autor opera essa desnaturalização das regras sociais, desvios e rótulos, buscando mostrar que sua construção está inevitavelmente vinculada a processos políticos nos quais alguns grupos conseguem impor seus pontos de vista como mais legítimos do que outros.

Rotulação

Segundo o senso comum, os atos e atores desviantes carregam em si algo inerentemente "transgressor". Isso significa que a não observância de uma regra social é tida como algo naturalmente "errado", assim como a pessoa que a pratica é automaticamente classificada como *outsider*. Baseadas em tais pressupostos, diferentes correntes científicas procuraram fazer do desvio seu objeto de estudo. Vejamos algumas dessas abordagens.

❑ *Desvio estatístico* — Segundo esta perspectiva, o desvio/desviante é definido em relação a uma "média estatística": quanto mais distante do comportamento "médio", mais "desviante". De acordo com Becker, este tipo de abordagem acaba por não qualificar o desvio, reunindo num mesmo grupo de "exceções" quantitativas categorias como "ruivo", "canhoto" e "assassino", deixando de lado a diversidade de critérios que definem diferentes tipos de infração.

❑ *Desvio patológico* — Nesta concepção o desvio/desviante é visto como resultado de uma doença. Tomando a sociedade como um "organismo", a analogia médica parte do princípio de que existem comportamentos tidos como "saudáveis", apostando num consenso impossível de ser alcançado. O autor lembra que esta perspectiva pode assumir ainda uma analogia mais estrita, como se o desvio fosse, de fato, sintoma de uma doença *mental* (o homossexual e o viciado como doentes, por exemplo). Segundo Becker, assim como na abordagem estatística, ao situar o desvio *dentro do indivíduo*, essa visão nos impede de ver que o próprio julgamento é uma parte crucial do mecanismo de acusação.

❑ *Desvio como fonte de desequilíbrio funcional* — Algumas visões sociológicas sobre a sociedade "em equilíbrio" ou "estável" definem como desvio aquilo que causa mudança ou desorganização social. Aqui, novamente, a limitação é a arbitrariedade da definição do que é ou não "funcional" numa sociedade. Como nos alerta o autor, a definição do objetivo (função) de um grupo social e quais as formas de alcançá-lo é resultado de um processo de conflito *político*, e não algo objetivamente dado pela natureza da organização.

UNIDADE II – A CONSTRUÇÃO DA IDENTIDADE SOCIAL

❏ *Desvio como incapacidade de seguir regras* — Uma visão sociológica mais relativista diz que o desvio é o *fracasso em obedecer às regras do grupo*, ou a infração de alguma regra com a qual a comunidade concorda. Becker reconhece nesta perspectiva uma maior aproximação com a proposta que busca desenvolver, mas ressalta que não oferece os instrumentos necessários à compreensão das contradições e ambiguidades inerentes ao processo de escolha de quais regras serão usadas como parâmetros de normalidade.

De maneira geral, podemos dizer que as quatro perspectivas acima descritas e comentadas por Becker compartilham de uma mesma fragilidade: a não atenção à complexidade do fenômeno do desvio. Seja por atribuí-lo exclusivamente às características individuais do transgressor, seja por não considerar a relatividade das normas que amparam as acusações de desvio, aquelas abordagens não consideram a multiplicidade de grupos existentes numa sociedade de organização complexa, cada qual com as próprias regras e padrões de "normalidade", muitas vezes em conflito umas com outras. Num cenário como este, o comportamento desviante não é apenas provável como também constante, uma vez que a grande diversidade de regras relativas a grupos variados faz com que seja impossível agir em conformidade com todas elas.

Podemos mencionar, por exemplo, as muitas "tribos urbanas" presentes nas grandes metrópoles brasileiras, cujas regras de vestimenta e de comportamento são, não raro, divergentes entre si. Mais relevante que os casos de antagonismo normativo entre grupos é o fato de que uma mesma pessoa pertence a muitos grupos simultaneamente. Um mesmo jovem pode ser, por exemplo, estudante universitário, membro de uma comunidade religiosa e integrante de um fã-clube de *heavy metal*, combinando e alternando a adesão às suas respectivas regras conforme a situação em que estiver inserido.

Partindo da crítica a tais abordagens, Becker sugere ampliar a própria definição de *desvio*, de modo a desconstruir a ideia de que os transgressores constituem uma categoria única e homogênea, cuja característica mais marcante seria a *infração a uma regra geralmente aceita*.

Para tal, o autor assume o pressuposto-base de que *o desvio é criado pela sociedade*. Ao contrário do que pode parecer, a afirmativa não corrobora a visão (bastante comum) de que os desvios são fruto de "fatores sociais" determinantes (como, por exemplo, o assaltante cuja transgressão é "justificada" por sua precariedade socioeconômica). Nas palavras de Becker (2008:22),

> os grupos sociais criam o desvio ao fazer as regras cuja infração constitui desvio e ao aplicar essas regras a pessoas particulares e rotulá-las como outsiders. Deste ponto de vista, o desvio não é uma qualidade do ato que a pessoa comete, mas uma consequência da aplicação por outras pessoas de regras e sanções a um "infrator". O desviante é alguém a quem aquele rótulo foi aplicado com sucesso; comportamento desviante é o comportamento que as pessoas rotulam como tal.

Isso significa que a transgressão a uma regra social não deve ser compreendida como algo inerente aos atos ou aos indivíduos que a praticam, mas sim como o resultado de processos de julgamento que envolvem disputas em torno de objetivos de grupos específicos. É ainda nesse sentido que Becker defende que o "desvio não é uma qualidade que reside no próprio comportamento, mas na interação entre a pessoa que comete um ato e aquelas que reagem a ele" (Becker, 2008:27). Os desviantes não seriam, assim, um grupo de pessoas reunidas em torno do gosto à transgressão, e sim indivíduos que "compartilham o rótulo e a experiência de serem rotuladas como marginais e desviantes" (Becker, 2008:22).

Partindo do princípio de que a vida em sociedade se caracteriza fundamentalmente por *pessoas fazendo coisas juntas*, o autor recusa, portanto, a abordagem unilateral do fenômeno. Mais do que a transgressão propriamente dita, sua análise procura compreender a dinâmica de *rotulação* que a envolve, a partir da qual um comportamento (ou uma pessoa) passa a ser considerado *marginal*. Podemos dizer, em suma, que a caracterização do desvio implica uma situação que envolva ao menos dois sujeitos: aquele que pratica a "transgressão" e, na mesma medida, aquele que a identifica como tal. No mesmo sentido, a definição do que é "normal" deriva também de uma relação, não podendo, portanto, ser naturalizada.

UNIDADE II – A CONSTRUÇÃO DA IDENTIDADE SOCIAL

O comportamento normal das pessoas em nossa sociedade (e provavelmente em qualquer sociedade) pode ser visto como uma série de compromissos progressivamente crescentes, com normas e instituições convencionais [Becker, 2008:38].

A análise sociológica do desvio implica, portanto, a negação da ideia de que se trata de um "dado" objetivo. Ele deve, segundo Becker, ser compreendido como "produto de uma transação que tem lugar entre algum grupo social e alguém que é visto por esse grupo como infrator de uma regra" (Becker, 2008:22).

Mas quem, afinal, cria os parâmetros de normalidade sobre os quais se pautam as regras de um grupo social? De que maneira tais regras passam a ser de fato válidas para determinado grupo de pessoas?

A imposição das regras

Ao contrário do que pode sugerir a naturalidade com que aceitamos determinadas regras sociais, sua imposição não é automática. Uma regra pode existir de forma tácita, compondo o corpo de leis de uma sociedade sem, no entanto, ser de fato observada. Nesse caso, o desrespeito à norma é aceito como algo "normal" e não origina acusações de desvio. O que leva, então, uma regra a ser efetivamente imposta, fazendo com que seu descumprimento seja caracterizado como "transgressão"?

A partir de um exemplo dado pelo antropólogo Bronislaw Malinowski em seu livro *Crime and custom in savage society* (1926), Becker desenvolve a hipótese de que aquilo que define se um ato é ou não desviante é a *forma como as pessoas reagem a ele*. Na situação narrada por Malinowski, um jovem habitante das Ilhas Trobriand teria se suicidado após ser acusado de incesto. O antropólogo afirma que, apesar de moralmente proibido, o incesto era uma prática relativamente comum entre os nativos, que costumavam fazer "vista grossa" diante de casos como aquele. O que teria então levado o referido jovem ao suicídio? Ainda de acordo com Malinowski, naquele episódio específico o "crime" havia sido publicizado para toda a sociedade, impedindo que o caso fosse ignorado pelo grupo a quem a regra se referia. Uma vez que o desvio foi socialmente identificado e publicamente denunciado, a morte — punição prevista para casos assim — teve de ser aplicada.

Mais do que o ato transgressor em si, o que define o desvio é, portanto, a *acusação* que o conforma:

> Só porque alguém infringiu uma regra não significa que os outros reagirão como se isso tivesse acontecido (inversamente, só porque alguém não violou uma regra, não significa que não será ameaçado, em algumas circunstâncias, como se o tivesse feito) [Becker, 2008:62].

Becker lembra ainda que a reação a um ato tido como desviante não pode, sob nenhum aspecto, ser tomado como algo constante, imutável. O tempo, por exemplo, é uma variável de peso: se, em meados do século passado o divórcio era considerado um desvio por grande parte da sociedade, hoje a reação a ele é, no mínimo, bem menos ruidosa. O mesmo pode ser dito sobre a inserção de mulheres no mercado de trabalho e tantos outros costumes que a prática social legitimou com o passar dos anos. Outra variável importante são os atores envolvidos. Muitas vezes um ato praticado por pessoas diferentes gera reações distintas, ampliando ou contendo a intensidade das acusações que recaem sobre o "infrator". É o que revelam, por exemplo, as estatísticas que mostram que jovens brancos de classe média costumam ser punidos com menor frequência e/ou rigor do que jovens negros moradores de favelas, ainda que tenham praticado a mesma infração. O autor atenta também para o fato de que algumas regras só são de fato impostas quando a transgressão culmina em alguma consequência, como no caso das relações sexuais não consentidas, cuja punição está estatisticamente associada à ocorrência de gravidez.

Trata-se, assim, de refletir sobre *quando* e *como* as regras são de fato impostas, trazendo como consequência a rotulação de seu infrator como *outsider*. Segundo Becker, a imposição de uma norma social é fruto de um *empreendimento*. Isso significa que alguém — o *empreendedor* — "deve tomar a iniciativa de punir o culpado" e, não menos importante, tornar pública a infração. O autor lembra, ainda, que a delação do infrator deve ser compreendida a partir dos interesses de quem a fez.

Unidade II – A construção da identidade social

Em suma, "a iniciativa, gerada por interesse pessoal, armada com publicidade e condicionada pelo caráter da organização é, portanto, a variável-chave na imposição da regra" (Becker, 2008:135-136). Voltando ao caso narrado por Malinowski, podemos compreender o trágico desfecho do episódio como resultado de uma iniciativa gerada por interesse pessoal (a vontade do ex-amante de que seu rival fosse punido), armada com publicidade (a denúncia feita por ele a toda a sociedade) e condicionada pelo caráter da organização (a proibição "formal" da prática do incesto).

Não são apenas os *impositores de regras*, contudo, que atuam no processo de *rotulação*. É preciso considerar também o papel dos *criadores de regras*, cujo protótipo é, segundo Becker, o do *reformador cruzado*.

Os *reformadores cruzados* (numa referência às Cruzadas da cristandade durante a Idade Média) são indivíduos dedicados a sanar a ausência ou insuficiência de regras relacionadas a questões específicas. Profundamente comprometidos com princípios de ordem moral, os *reformadores* agem mobilizados pela convicção de que as mudanças que propõem serão positivas para toda a sociedade. Podemos citar como exemplo as tentativas de proibição da venda de drogas, de bebidas alcoólicas ou mesmo de abolição da escravidão. Quando bem-sucedida, a "cruzada" resulta no estabelecimento de uma nova regra (ou conjunto de regras) e, consequentemente, na criação de novas classes de *outsiders*. Uma vez proibidos o uso e a comercialização da cocaína, por exemplo (o que no Brasil ocorreu em 1921), seus distribuidores e usuários, até então considerados "normais", passaram a ser "desviantes", estando então sujeitos à repressão e publicização de seu hábito por parte dos *impositores* e, na mesma medida, às punições previstas em lei.

Vemos, assim, que as regras não são feitas espontaneamente e que o desvio é, portanto, sempre o *resultado de um empreendimento*. Isso, porque:

> Antes que qualquer ato possa ser visto como desviante, e antes que os membros de qualquer classe de pessoas possam ser rotulados e tratados como outsiders por cometer o ato, alguém precisa ter feito a regra que define o ato como desviante [Becker, 2008:167].

Uma vez existente, a regra passa a ser aplicada a pessoas particulares (como um usuário de cocaína) para, então, dar origem à classe mais abstrata dos *outsiders* que ela conforma (como as categorias "drogado", para o que consome, ou "traficante", para o que fornece).

Ao propor uma análise do fenômeno do *desvio* como uma *interação social*, o trabalho de Howard Becker acaba por apresentar não apenas uma guinada metodológica (através da ideia de que o transgressor não deve ser o foco da reflexão), mas também política. Ao desnaturalizar o comportamento desviante, chamando a atenção para as muitas dinâmicas sociais implicadas no processo de *rotulação*, o sociólogo acaba por apontar novos caminhos para o estudo das formas de poder, partindo da premissa de que nas sociedades complexas e altamente diferenciadas segundo critérios diversos (classe, etnia, religião, orientação sexual etc.), as regras e os desvios são "objeto de conflito e discordância, parte do processo político da sociedade" (Becker, 2008:67).

Temas para discussão

❑ Ler *O alienista*, de Machado de Assis, relacionando o conto com as ideias do texto de Becker.

❑ Identifique, no noticiário contemporâneo, tentativas de impor o rótulo de "desviantes" a determinados tipos de comportamento, identificando seus "empreendedores" e a reação dos que resistem à imposição dessas normas.

UNIDADE III

Como a sociedade se mantém: divisão social do trabalho, solidariedade e coerção

- Divisão social do trabalho e solidariedade social: especialização, coerção, reciprocidade.
- A dimensão social do tempo e seu efeito sobre a vida humana: variações culturais e históricas.
- Tempo, disciplina de trabalho e capitalismo industrial.
- A administração "científica" do tempo de trabalho.
- O "espírito do capitalismo" e seus efeitos.
- O modo de vida metropolitano e a ascensão do individualismo.

SEÇÃO 14 — A divisão do trabalho social[12]

A Sociologia de Émile Durkheim

Como vimos nas duas unidades anteriores, é difícil, se não impossível, imaginar nossas vidas sem a sociedade que nos cerca e da qual, ao mesmo tempo, fazemos parte. A dimensão social da existência é de tal forma incorporada à maneira como entendemos o mundo que mesmo aspectos de foro íntimo, como a memória e a construção da identidade, estão inevitavelmente referidos aos grupos sociais aos quais pertencemos. Uma pessoa que prefere viver só, isolada, é rapidamente rotulada como antissocial, revelando a *anormalidade* com que tal comportamento é visto pelo senso comum. Esta naturalização da vida em sociedade não impediu, contudo, que alguns estudiosos se propusessem a entender *como e por que as sociedades se mantêm*.

De fato, essa foi uma das primeiras questões de que se ocupou a Sociologia, ainda nos primórdios do processo de sua consolidação como ciência. Em meio às intensas transformações por que passava o mundo ocidental no século XIX, o francês Émile Durkheim viu no incipiente estudo das sociedades uma forma de oferecer explicações às tantas questões trazidas pela emergência do cenário industrial e pelas novas dinâmicas sociais que ele abrigava. Interessado em compreender o fenômeno da *integração social* em um contexto fortemente marcado pela ascensão do individualismo, esse pensador procurou responder a duas perguntas centrais:

❑ Como pode uma coleção de indivíduos constituir uma sociedade?
❑ Como se chega a esta condição da existência social que é o consenso?

Profundamente influenciado pelo positivismo, Durkheim dedicou-se a provar que o estudo da sociedade compartilhava com as ditas "ciências naturais" o compromisso com a objetividade. Para tal, empenhou-se no estabelecimento de um objeto e uma metodologia próprios à Sociologia, de

---

[12] Texto de referência: Durkheim (2001, caps. 5 e 6).

modo a garantir-lhe não apenas especificidade como também legitimidade diante dos demais campos de produção de conhecimento.

Durkheim definia a Sociologia como a ciência das instituições, da sua gênese e do seu funcionamento, e acreditava que ela deveria se ocupar do estudo de "toda a crença, todo o comportamento instituído pela coletividade". Essas afirmativas evidenciam o pressuposto-base que permeia toda a sua obra: a primazia do coletivo sobre o individual. Tomando como ponto de partida a metáfora do organismo (explicitamente emprestada das ciências biológicas), Durkheim defendia que, assim como a vida humana está no corpo como um todo e não nas pequenas partes que o compõem (átomos, células e até mesmo órgãos), a sociedade correspondia a uma totalidade cuja compreensão não poderia partir de um estudo dos indivíduos ou instituições isoladamente. A sociedade não deveria, assim, ser pensada como o resultado da soma das consciências, ações e sentimentos particulares daqueles que dela participam, mas sim como uma realidade autônoma, como uma "vida psíquica de um novo gênero":

> as consciências particulares, unindo-se, agindo e reagindo umas sobre as outras, fundindo-se dão origem a uma realidade nova que é a consciência da sociedade. [...] Uma coletividade tem suas formas específicas de pensar e de sentir, às quais os seus membros se sujeitam, mas que diferem daquelas que eles praticariam se fossem abandonados a si mesmos. Jamais o indivíduo, por si só, poderia ter constituído o que quer que fosse que se assemelhasse à ideia dos deuses, aos mitos e aos dogmas das religiões, à ideia do dever e da disciplina moral etc. [Durkheim, apud Quintaneiro et al., 2000:18].

Baseado, portanto, na ideia de que a sociedade é mais que a simples soma dos indivíduos que a compõem, Durkheim chamou de *fatos sociais* o objeto específico daquele novo campo de saber científico. Definindo-os como "coisas", o sociólogo (Durkheim, 1995:11) afirma que os *fatos sociais* são

> toda maneira de agir fixa ou não, suscetível de exercer sobre o indivíduo uma coerção exterior; ou então ainda, que é geral na extensão de uma sociedade

dada, apresentando uma existência própria, independente das manifestações individuais que possa ter.

Em primeiro lugar, vale atentar para a definição primordial dos *fatos sociais*: a de que são "coisas" (a esse respeito, sua visão é distinta da de Simmel, vista na seção 3, que percebia a sociedade como um *processo*). Ao caracterizá-los desta maneira, Durkheim busca conferir materialidade ao objeto do estudo sociológico, de modo a afastar qualquer tentativa de associação da nova ciência à dimensão subjetiva do pesquisador (note a diferença em relação à definição dos *tipos ideais* de Weber):

> A coisa se opõe à ideia [...]. É coisa todo objeto do conhecimento que a inteligência não penetra de forma natural [...] tudo o que o espírito não pode chegar a compreender senão sob a condição de sair de si mesmo, por meio da observação e da experimentação, passando progressivamente dos caracteres mais exteriores e mais imediatamente acessíveis para os menos visíveis e profundos [Durkheim, 1977:23].

Na qualidade de "coisas", os *fatos sociais* passavam a existir no plano da objetividade, prestando-se, assim, à análise científica. O autor propunha também que os *fatos sociais* fossem identificados e analisados a partir de três princípios básicos:

- ❏ *coercitividade*, ou a força que exercem sobre os indivíduos, obrigando-os, através do constrangimento, a se conformar com as regras, normas e valores sociais vigentes;
- ❏ *exterioridade*, ou o fato de serem padrões exteriores aos indivíduos e independentes de sua consciência;
- ❏ *generalidade*, ou o fato de serem coletivos e permearem toda a sociedade sobre a qual atuam.

Podemos dizer que, para Durkheim, um *fato social* é qualquer "coisa" própria da sociedade a que pertence o indivíduo e que seja capaz de moldar ou até mesmo determinar suas ações (como, por exemplo, as regras jurídicas e morais de uma sociedade, seus dogmas religiosos ou mesmo o sistema financeiro vigente). De acordo com Durkheim, a centralidade do estudo dos *fatos sociais* se justificaria pelo fato de que, uma vez aplicáveis a toda a sociedade, eles garantiriam o funcionamento do todo social, mantendo a coesão do coletivo em detrimento das vontades individuais. Seriam formados, nesses termos, pelas *representações coletivas*, ou seja, pela forma como "a sociedade vê a si mesma e ao mundo que a rodeia".

Mas o que são e como se formam tais representações? Segundo Durkheim (1983:216), podem ser definidas como:

> o produto de uma imensa cooperação que se estende não apenas no espaço mas no tempo também; para fazê-las, uma multiplicidade de espíritos diversos associaram-se, misturaram e combinaram suas ideias e sentimentos [...]. Uma intelectualidade muito particular, infinitamente mais rica e mais complexa do que a do indivíduo está aí concentrada.

Podemos então afirmar que, de acordo com esse autor, o homem é parte do mundo social, mas não tem domínio sobre ele, pois, ainda que sejam obras humanas, os *fatos sociais* são alheios à consciência individual, numa dinâmica na qual o homem-indivíduo é o elemento viabilizador, mas não definidor da sociedade.

Retomando a metáfora do organismo vivo, Durkheim sugere que os *fatos sociais* seriam então partes que devem ser estudadas a partir de sua função no todo. Nesse sentido, cada *fato social* desempenharia uma função específica na sociedade e caberia ao sociólogo diagnosticar eventuais problemas no corpo social, encontrando "remédios" para o mau funcionamento dos órgãos problemáticos. As "disfunções" seriam, ainda de acordo com o autor, aqueles casos nos quais o equilíbrio e a coesão social estivessem em risco, comprometendo a harmonia e consenso que seriam, ao fim e ao cabo, a própria condição da existência da sociedade.

Apesar de organizarem e delimitarem o objeto e o método que garantiriam os parâmetros de cientificidade à Sociologia, tais considerações não tocavam na questão primordial a que Durkheim se propôs responder: Por que, afinal, os homens se mantêm em sociedade? Por que os grupos humanos não se desfazem facilmente, tendendo reiteradamente à integração?

A divisão do trabalho social

Para Durkheim, o problema da *integração social* era primordialmente uma questão de moralidade, pois correspondia ao comprometimento pessoal com normas e regras coletivas. Sob este ponto de vista, a industrialização representava um problema à medida que rompia com o antigo universo de regras e normas compartilhadas, num contexto de crescente valorização do individualismo. Na modernidade industrial a tendência seria tornar as pessoas cada vez mais diferentes entre si, encorajando-as a enfatizar suas peculiaridades, em vez de suas similaridades. Diante de tais constatações, o autor colocou a seguinte questão: *Como pode a sociedade continuar a se manter coesa se cada indivíduo busca o seu próprio e intransferível interesse?*

Durkheim chamou de *solidariedade* o princípio que coordena a coesão entre os homens, tornando possível a existência da sociedade. A *solidariedade* seria, assim, o "laço" que une cada elemento ao seu grupo de referência. Ainda segundo o autor, a forma de *solidariedade* varia conforme o tipo de organização social vigente, respondendo à intensidade com que se estabeleceu a *divisão do trabalho* em uma sociedade, bem como ao maior ou menor grau de similaridade de consciência entre seus membros.

Em sociedades mais simples e mais homogêneas, por exemplo, as partes diferem muito pouco entre si, estabelecendo uma forma equilibrada de integração. Com o trabalho dividido por critérios simples (como gênero ou idade), nessas sociedades não há espaço para a especialização e a consciência individual é, portanto, muito reduzida. Há uma prevalência do "sentido do nós" sobre o "sentido do eu", numa dinâmica em que o individual é definido pelo sentido da coletividade e as pessoas se relacionam em função do que têm em comum, de suas semelhanças. Com alto grau de coesão, tais sociedades se manteriam pelo princípio da *solidariedade mecânica*, que ligaria diretamente o indivíduo à sociedade, sem nenhum intermediário.

Nas sociedades industrializadas, por outro lado, a divisão do trabalho se estabelece de forma mais complexa, dando lugar a especializações. Num cenário marcado por um alto grau de individualização, as pessoas se apresentam pelo que sabem, passando a ter uma função específica no corpo social. Estabelecem-se, assim, relações marcadas por vínculos de *reciprocidade*: cada indivíduo sabe coisas específicas e se relaciona com outros que sabem coisas diferentes, que o primeiro não sabe. São relações complementares — e, por isso, interdependentes —, que se baseiam não na semelhança, mas na diferenciação dos indivíduos. Em sociedades assim organizadas, a coesão seria garantida pela *solidariedade orgânica*, baseada num "sistema de funções diferentes e especiais". A *solidariedade orgânica* seria derivada do processo de intensificação da divisão do trabalho, predominando em contextos fortemente marcados pela redução da consciência coletiva em face do crescimento da consciência individual. Durkheim dizia ainda que as duas formas de solidariedade seriam *inversamente proporcionais entre si*, ou seja, enquanto uma se intensifica, a outra se retrai.

Mas como identificar qual o tipo predominante de *solidariedade* em uma sociedade? Quais indicadores permitem ao sociólogo saber qual o princípio de coesão social de um grupo determinado? Durkheim afirma que um caminho seguro é o da análise das normas do Direito. Por ser uma forma relativamente estável, o Direito seria uma fonte privilegiada de simbolização dos elementos básicos da solidariedade social vigente, expondo, portanto, os princípios sobre os quais se sustenta a coesão do grupo.

Nas sociedades mantidas por laços de *solidariedade mecânica*, nas quais os *tipos individuais* são rudimentares e o *tipo coletivo* é bem desenvolvido, o desrespeito a uma regra corresponde a um atentado contra todo o grupo. Ao cometer um crime, por exemplo, o infrator não apenas atinge a vítima diretamente envolvida como também rompe com os princípios sobre os quais se mantêm os elos de solidariedade que unem a coletividade, pondo em risco seu equilíbrio. De modo geral, a infração é punida por meio de uma vingança contra o agressor, na mesma intensidade em que ele feriu um ou mais componentes da dinâmica que garante a coesão daquela sociedade. A punição tem, assim, o intuito de proteger a coesão social, evidenciando e reforçando os laços que ligam os membros do grupo (vide, por exemplo, o caso narrado por Malinowski e analisado por Becker, tal como exposto na seção 13).

Já nas sociedades mantidas por *solidariedade* do tipo *orgânica*, nas quais existe alto grau de divisão do trabalho, o descumprimento de uma norma não atinge o todo social. O infrator não fica sujeito à vingança ou à humilhação pública, e sua punição fica a cargo de pessoas especializadas (como o juiz, o policial etc.). Assim, ao constatar a violação a uma regra, a sociedade reage exigindo que a vítima seja reparada naquilo em que foi afetada, atuando conforme o princípio da restituição (seja ela simbólica ou material).

Tais considerações se baseiam, contudo, na pressuposição de um cenário no qual a integração social esteja mantida e forte, de modo que os mecanismos de coesão se revelem eficazes. Mas e as situações em que as normas se revelam falhas, pondo em risco o princípio da *solidariedade* que liga entre si os membros de uma sociedade?

Anomia

Apesar de se interessar pelos mecanismos que garantem a coesão social, Durkheim não deixou de atentar para situações em que o princípio da integração estivesse em risco. Segundo ele, o processo de transição da solidariedade mecânica para a orgânica em uma sociedade poderia representar um exemplo claro de desequilíbrio social: num primeiro momento, a rápida diferenciação das atividades não seria acompanhada da consciência de todos acerca da importância da reciprocidade, levando os indivíduos a se voltarem para si, priorizando suas próprias vontades em detrimento dos valores coletivos.

Não é difícil perceber que tal preocupação estava diretamente ligada ao cenário no qual vivia o autor. Imerso num contexto de mudanças tão rápidas quanto profundas, Durkheim assistia à emergência de novos modelos de regulação das relações sociais, cada vez mais pautadas na centralidade do indivíduo e do saber científico. A religião e a tradição, que até pouco antes constituíam o cerne da vida moral, davam lugar à racionalidade e à eficiência, num processo de afrouxamento dos antigos laços de solidariedade que organizavam a sociedade reunindo seus membros em torno de valores comuns. De fato, a Europa do final do século XIX via crescerem problemas como desemprego, falta de moradias, proliferação de enfermidades e aumento dos índices de criminalidade, deixando evidentes os pesares da industrialização.

De acordo com Durkheim, aquele cenário correspondia a um estado de *anomia*, fundamentalmente caracterizado pela falência dos mecanismos de regulação social e pela consequente fragilização da coesão entre os membros da sociedade. Com o princípio da integração social debilitado, os indivíduos se tornam então incapazes de diferenciar o justo do injusto, o certo do errado e o legítimo do ilegítimo. A *anomia* se refere, assim, à ausência de percepção, pelos indivíduos, de um corpo de normas capazes de regular as relações entre as funções sociais (cada vez mais numerosas e diversificadas), garantindo ao corpo social um funcionamento equilibrado e harmonioso.

O autor acreditava, contudo, que uma sociedade em estado de *anomia* poderia ser "curada" através da atuação de corporações ou grupos profissionais, cuja função seria regulamentar as atividades que se desenvolviam no ambiente da divisão do trabalho. Reunindo indivíduos com interesses comuns, as corporações representariam unidades em meio à diversidade, constituindo assim um caminho seguro à reordenação de uma sociedade fragmentada. Segundo Durkheim, isso seria possível pelo fato de tais grupos terem um poder moral capaz de controlar os egoísmos individuais, impedindo que a lei do mais forte se aplicasse de maneira tão brutal nas relações industriais e comerciais.

Outro aspecto da análise de Durkheim acerca da *anomia* é seu conhecido estudo sobre o suicídio. Interessado em compreender por que as pessoas se suicidam, e insatisfeito com as explicações tradicionais (que focavam características individuais), o sociólogo procurou mostrar que as causas deveriam ser buscadas na relação indivíduo/sociedade. A partir da análise dos dados estatísticos então disponíveis, Durkheim propôs a seguinte tipologia:

❏ *Suicídio egoísta*, que provém do desamparo moral de quem o comete, numa prova da fragilidade dos laços que o ligavam à sociedade. Em casos assim, o indivíduo se suicida para pôr fim ao próprio sofrimento.

❏ *Suicídio altruísta*, que deriva, ao contrário do tipo anterior, de uma ligação excessiva do indivíduo com o corpo social. O suicida acredita que sua morte pode gerar algum tipo de benefício à sociedade à qual pertence — por exemplo, um sacrifício durante uma guerra.

❏ *Suicídio anômico*, que resulta da desagregação social e da perda de referências morais, levando o indivíduo a se sentir deslocado, "fora do coletivo". Uma vez que o indivíduo não se identifica com as normas da sociedade, o suicídio passa a ser uma alternativa de fuga. Segundo Durkheim, o suicídio anômico pode ser identificado em situações em que há uma mudança abrupta na taxa normal de suicídios, o que geralmente ocorre em períodos de crise econômica (com o aumento do desemprego e da incerteza quanto ao futuro, por exemplo) ou de profundas transformações sociais (como a modernização acelerada).

Na obra de Durkheim, o estudo do suicídio representa a tentativa de provar que mesmo uma atitude tão referenciada às escolhas individuais só pode ser compreendida a partir de uma análise da dinâmica do corpo social em sua totalidade.

Apesar de bastante colada aos princípios do positivismo científico, a obra de Durkheim representou um esforço pioneiro no sentido de delimitar o campo de estudo da sociologia, bem como de teorizar sobre as muitas transformações por que passava a Europa no século XIX. Veremos, a seguir, outra leitura acerca do mesmo processo.

Tema para discussão

❏ Imaginar exemplos de *anomia social*.

SEÇÃO 15 — Thompson e a dimensão social do tempo[13]

E. P. Thompson e o problema do tempo

Você sabe que horas são? Esta é certamente uma pergunta que fazemos e ouvimos diversas vezes ao dia, sem que isso nos cause qualquer estranha-

---

[13] Texto de referência: Thompson (1998:267-304).

mento. Afinal, todo o nosso cotidiano acontece em função de horários, e é sempre de olho no relógio que organizamos nossos momentos de estudo, lazer, refeições ou até mesmo de sono. Isso porque o tempo é, para nós, um dado *objetivo*, algo que pode ser contado com precisão e que está, portanto, livre de interpretações. Mas será que foi sempre assim? Será essa percepção do tempo a única possível? Por vivermos em uma sociedade organizada pela precisão do relógio, temos muitas vezes a tendência de pensar que o tempo é um elemento absoluto e invariável, como uma linha ou uma flecha que sempre avança. Como consequência, tendemos a naturalizar o modo pelo qual o dividimos em dias, horas, minutos e segundos. Ao contrário do que costumamos pensar, no entanto, essa vivência do tempo não é universal, ela varia de acordo com os ritmos de vida e trabalho de cada um, com as lógicas de organização das sociedades ou com os contextos específicos nos quais o tempo é experimentado. Relacionadas à expectativa que temos em relação a ele, as vivências do tempo são, assim, também variadas.

É a partir de culturas e organizações sociais específicas que a questão do tempo deve ser analisada. De fato, se analisarmos o modo pelo qual sociedades distantes dos grandes centros urbanos, ou nas quais predominam modos de vida mais tradicionais, lidam com a questão do tempo, podemos perceber que se refere quase sempre a processos ligados ao ciclo do trabalho ou das tarefas domésticas. Em vez de se dividir em horas e minutos, o tempo é marcado por tarefas: o momento de tirar o leite, de recolher o gado, de acender o lampião podem ser tão efetivos para muitos indivíduos e grupos na marcação do tempo quanto os ponteiros de um relógio. Sem ser objetivo, o tempo é medido por eles de acordo com as necessidades da vivência, que moldam a percepção que as pessoas têm de seus ciclos de vida. Integrado à vida, o tempo é medido, nessa lógica, pelos seus movimentos cotidianos, associados na maioria das vezes a tarefas e rotinas domésticas.

No caso de nossa sociedade, no entanto, esta é uma lógica que já não se aplica. De fato, desde o final do século XVIII, começamos a viver o tempo a partir da lógica de uma ideologia que sustentou, daquele momento em diante, o sistema econômico e social a partir do qual organizamos nossa sociedade: o capitalismo industrial. Foi o que mostrou, em um artigo originalmente escrito em 1967, o historiador inglês Edward Palmer Thompson (1924-1993), um dos maiores historiadores do século XX.

Interessado em compreender as transformações trazidas pela Revolução Industrial à vida das pessoas comuns, Thompson dedicou-se a analisar o modo pelo qual as crenças e visões de mundo costumeiras dos trabalhadores efetivamente podem ter se chocado com aquela nova ideologia. É o que ele busca no texto "Tempo, disciplina de trabalho e capitalismo industrial", no qual sustenta que a percepção e o controle do tempo conformaram uma das mais importantes arenas deste embate.

O tempo em disputa na Inglaterra pré-industrial

A forma como os trabalhadores viviam seu tempo na Inglaterra do século XVIII era certamente muito diferente da nossa. No mundo em que vivemos, um trabalhador, se tiver sorte, pode acordar por volta das seis da manhã, tomar o café da manhã, sair de casa às sete e entrar no trabalho às oito horas. Ao meio-dia sai para almoçar e, após voltar, fica no trabalho até às seis da tarde — em uma rotina monótona e previsível que todos nós vivemos com certa dose de naturalidade. Restam, para além de sua jornada de trabalho, os horários de descanso e lazer. Não era essa, porém, a lógica do trabalho pré-industrial, na qual, sem a pressão do tempo, ele se estruturava por tarefas. Isso porque, como mostra Thompson, "a atenção ao tempo no trabalho depende em grande parte da necessidade de sincronização do trabalho" (Thompson, 1998:280), o que não era uma questão importante na Inglaterra até aquele momento. Mesmo que naquele momento o país já contasse com um forte sistema manufatureiro, a sincronização era baixa, pois prevaleceria uma ordenação da produção feita por tarefas separadas, e não por uma sucessão de etapas marcadas por uma profunda divisão do trabalho, como progressivamente viria a ocorrer. Assim, na Inglaterra pré-industrial, a divisão do tempo não era um fator realmente importante da organização do trabalho.

Em vista disso, existiria na sociedade inglesa daquele período uma grande irregularidade no ciclo de trabalho, que não se prestava a lógicas e tarefas repetitivas e constantes. Em dias, semanas ou estações que geravam muitas tarefas (como, por exemplo, um período de colheita), o trabalho podia se intensificar, e o tempo passava a ser vivido de forma intensa. Acabado o período de trabalho, no entanto, a vida mudava de ritmo, alterando novamente a percepção sobre o tempo. Os dias, semanas ou anos de trabalho eram vividos de formas variáveis, que não se deixavam unificar numa única fórmula, matematicamente divisível em horas e segundos.

Como consequência, a vida cotidiana do trabalhador pré-industrial era regida não pela lógica do tempo do trabalho, e sim pela do *tempo do ócio* — que ocupava parte significativa de sua experiência. Cumpridas as tarefas às quais se propôs realizar, o trabalhador podia colher os frutos do seu trabalho, vivendo de forma desregrada. Não era de se estranhar, por isso, que vivesse o tempo da semana de modo próprio, marcado mais pela lógica do lazer do que pelo trabalho — como mostram os irônicos versos de um escritor inglês do século XVII, que revelam seu descontentamento com o modo pelo qual os trabalhadores organizavam a semana:

> *Sabemos que segunda-feira é irmã do domingo;*
> *A terça-feira também;*
> *Na quarta-feira temos de ir à igreja e rezar;*
> *A quinta-feira é meio feriado;*
> *Na sexta-feira é tarde demais para começar a fiar;*
> *O sábado é outra vez meio-feriado* [Thompson, 1998:281].

Escritos em 1639, os versos mostram a irritação de seu autor, um homem letrado, com a concepção do tempo mediada pela busca do ócio que via nos trabalhadores do período. A marcação da semana se faz, nessa lógica, de modo a evidenciar sua relação casual com o trabalho — que estava longe de ter o poder de organizar a vida. Por mais que pudesse se tratar de simples crítica, tais versos mostram que, do ponto de vista daqueles trabalhadores, era a busca do ócio e do prazer que marcava o ritmo de sua experiência, e não o tempo da produção.

Não se trata de um acaso. Distantes da lógica da acumulação, esses homens e mulheres buscavam no trabalho os meios de subsistência capazes de garantir seu ócio, não o contrário. Nas sociedades industriais, o tempo do trabalho é claramente separado do tempo do lazer. Desse modo, o trabalhador tem seus dias de trabalho inteiramente dedicados à produção, e só nos dias nos quais pode ter descanso — em geral o domingo ou as férias —, pode se dedicar às suas atividades preferidas. Esta era, no entanto, uma divisão que não fazia sentido na sociedade pré-industrial — na qual o lazer podia aparecer mesmo em meio a atividades de trabalho, sem separações rígidas. Para desespero do poeta, não havia tal distinção entre o trabalho e a vida. Donos de seus saberes específicos, os trabalhadores os usavam na medida exata de sua necessidade. Ao encarar o trabalho não pela lógica da acumulação, no sentido capitalista, mas sim pela da simples subsistência, viam o tempo do trabalho como o mesmo tempo da vida, e não como uma suspensão forçada desta — motivo pelo qual os trabalhadores "passavam" o tempo, não o "gastavam".

Como mostram os mesmos versos, no entanto, a esta altura a concepção do tempo própria aos trabalhadores já estava sob forte ataque. Em meio a um crescente processo de industrialização, que tentava transformar o trabalhador em simples mecanismo de produção, era preciso que este se adaptasse às exigências e disciplinas de um novo ritmo de produção: aquele definido pela lógica capitalista de produção e acumulação.

Do ponto de vista de seus ideólogos, era esse o papel da máquina: sujeitar o trabalhador a uma marcação do tempo que seria exterior à sua experiência. "As máquinas significam disciplina nas operações industriais", explicava um ideólogo do novo tempo medido pela produção, defensor da ideia de que, "se uma máquina a vapor começasse a funcionar todas as segundas-feiras de manhã às seis horas, os trabalhadores se disciplinariam com o hábito do trabalho regular e contínuo" (Thompson, 1998:284). Mais do que garantir a produção, caberia assim à máquina assegurar a educação do trabalhador para uma nova forma de experimentar o tempo. Ao inculcar-lhes hábitos metódicos, ela ajudaria a preparar esses trabalhadores para a lógica da disciplina, moldando toda uma nova forma de vida que deveriam adotar.

Desnudava-se, dessa forma, a engrenagem de um embate que tinha nas formas de vivência do tempo seu foco principal. Ao fazerem da força do trabalhador um simples elemento da produção, seus entusiastas transformavam o tempo em dinheiro. Para que esta equação funcionasse, no entanto, era preciso formar trabalhadores que compartilhassem de seus pressupostos. Ao desperdiçarem seu tempo com atividades distantes da lógica da produção, os trabalhadores se convertiam em um problema para um sistema que se tentava implementar, o que colocava sob ataque cerrado do olhar patronal seus costumes e lógicas próprios. Portanto, não se trata de afirmar simplesmente a disciplina na fábrica. Tão importante quanto isso seria transformar a própria cultura dos trabalhadores de uma maneira mais geral — o que gerou um ataque sistemático, no final do século XVIII, às formas tradicionais de festas, jogos e outros costumes dos trabalhadores.

SEÇÃO 16 — Tempo e lazer[14]

O tempo como campo de negociação

A análise de Thompson deixa claro o resultado do crescente abismo que passava a separar o modo pelo qual os homens e mulheres do século XVIII aproveitavam seu dia do modo pelo qual os entusiastas da lógica industrial projetavam sobre eles seus ideais: a transformação do tempo em uma importante arena de disputas e conflitos sociais.

Em geral este embate foi compreendido somente pela perspectiva daqueles que queriam reformar, ou mesmo eliminar, os hábitos e visões de mundo próprios dos trabalhadores. Nessa perspectiva, a imposição da lógica metódica sobre os trabalhadores acarretaria, de forma direta, a instauração da disciplina do trabalho, que se abateria sobre os contemporâneos de forma avassaladora. Entretanto, por mais que os ideólogos desta nova ordem condenassem e atacassem as visões de mundo e práticas costumeiras próprias aos trabalhadores, estes não cairiam tão facilmente em tal discurso, lutando por seus costumes e práticas tradicionais. Como resultado, foi a partir da dinâmica própria ao choque entre diferentes concepções sobre o tempo que se pôde disseminar, entre os trabalhadores ingleses do período, uma nova forma de experimentar o tempo.

Para conseguir transformar o modo pelo qual tantos homens e mulheres viviam seu próprio tempo, incutindo-lhes valores e lógica mais afinados com o capitalismo em implantação, os ideólogos da produção industrial

---

[14] Texto de referência: Thompson (1998:267-304).

trataram de investir em instituições como a escola — na qual viam um meio de incentivar o hábito do trabalho e de combater costumes indesejados. Com sua influência socializadora, a escola ajudou no processo de inculcação do "uso-econômico-do-tempo": "uma vez dentro dos portões da escola, a criança entrava no novo universo do tempo disciplinado", explica Thompson (1998:292). A educação formal tornava-se, assim, um treinamento para que a criança adquirisse o "hábito do trabalho".

Nesse caminho, acaba por se operar uma separação radical entre a cultura do povo, vista como atrasada e arcaica, e a cultura das elites, que seria aquela valorizada e ensinada no mundo escolar. O ócio passa a ser associado à preguiça ou à vadiagem. Veremos mais adiante, na seção 21, que essa preocupação com a preguiça e a vadiagem é importante na obra que é geralmente considerada o marco do nascimento da "Administração Científica": o livro de Frederick Winslow Taylor (1856-1915), *Princípios de administração científica* (1911).

Voltando à narrativa de Thompson, ele mostra como se configurou uma separação entre a cultura das elites e a do povo, que, no fim das contas, acabou por aproximar trabalhadores que antes nada tinham em comum, mas que passaram a compartilhar formas de ver e interpretar o mundo. Articulava-se, nesses caminhos, aquilo que Thompson define como uma cultura popular vigorosa e reconhecida, de todo divergente daqueles hábitos e padrões modernos que se tentavam valorizar.

A lógica da relação entre essa cultura popular tradicional e a nova cultura plebeia não seria, porém, a da simples negação e resistência. Longe de estarem imóveis em suas crenças e concepções, os trabalhadores ingleses souberam se apropriar a seu modo da valorização do tempo própria da cultura patronal. Como mostra Thompson, em meio aos embates nos quais estavam envolvidos, passaram a lutar não *contra* o tempo, mas *sobre* ele — ou seja, passaram a buscar suas conquistas a partir dos valores sobre eles lançados pelos próprios patrões.

A partir de então, o tempo passava a configurar uma nova pauta de reivindicações por parte dos trabalhadores, que passavam a lutar pela redução da jornada de trabalho, por férias remuneradas, por licenças em virtude de doença e maternidade e pelo pagamento de horas extras. De inimigo, o tempo cronológico passava a ser adotado como arma de contestação à exploração.

Exemplar, neste sentido, foi a proliferação de relógios verificada na Inglaterra entre os séculos XVII e XVIII. Até então, os sinos das igrejas eram os principais marcadores do tempo, visto sob uma lógica religiosa. No início deste período, os relógios eram restritos aos espaços públicos ou aos espaços de trabalho. Muitas vezes tinham o ponteiro das horas, mas não o dos minutos — na indicação da falta de necessidade de precisão na medição do tempo que marcava ainda aquela sociedade. À medida que o processo de industrialização levava a uma sincronização do tempo, no entanto, o uso dos relógios passou também a se democratizar. Se antes ter um relógio era raro, constituindo um poderoso símbolo de prestígio, aos poucos os trabalhadores conseguem acesso a esse item de desejo — o que foi viabilizado tanto pela invenção dos relógios portáteis quanto pelo estabelecimento de clubes do relógio, através dos quais os trabalhadores conseguiam adquirir um através de prestações e financiamentos coletivos.

Ao perceberem o perigo desta novidade, muitos industriais chegaram a tentar proibir o uso dos relógios no local de trabalho, mas já era tarde: do mesmo modo que tentavam controlar o tempo dos trabalhadores através dos relógios de ponto, estes faziam daquele instrumento uma arma para dar limite à exploração à qual estavam submetidos — apropriando-se, a seu modo, da ideologia que era sobre eles lançada. Como resultado de tal processo, os trabalhadores passavam a se mover a partir da adoção de uma nova noção de tempo que ajudava a ordenar suas demandas. Iniciava-se, assim, uma intensa disputa pelo tempo, que passava a assumir uma importância singular para diferentes grupos sociais.

A "questão" do tempo livre e do lazer

Não é o caso de se pensar que o desenvolvimento e a popularização dos relógios levaram à sua crescente utilização. Diferentemente, esta ocorreu à medida que a sociedade passou a ser cada vez mais regulada por uma lógica distinta, relacionada ao tempo do mercado e da fábrica. Desde então, esse processo de crescente controle, fracionamento e precisão passou a fazer parte da vida em sociedade. Hoje, nas sociedades complexas e mais "desenvolvidas", grande parte da vida se desenvolve sob a égide do relógio e de uma marcação precisa do tempo: horário de acordar, de pegar a condução, de ir para a escola, de ter intervalos, de fazer as refeições, de se divertir, de dormir. Relógios passaram a estar presentes em todos os lugares o tempo todo: nos carros, em locais públicos, nos computadores e em nossos aparelhos celulares.

Em grande parte, como mostra Thompson, a *escola* colaborou, com sua influência socializadora, com o processo de inculcação do "uso-econômico-do-tempo". A educação tornou-se um treinamento para que a criança adquirisse o "hábito do trabalho": "Uma vez dentro dos portões da escola, a criança entrava no novo universo do tempo disciplinado" (Thompson, 1998:293). É mais fácil compreender essa afirmação lembrando das seções que se referiram ao processo de socialização, tal como apresentado por Berger e Luckmann, e a perspectiva de Michel Foucault sobre o surgimento do poder disciplinar.

Veremos, nas seções seguintes, através da análise de Max Weber sobre o desenvolvimento do capitalismo moderno, como foram importantes, nesse processo, preceitos éticos e morais tais como a ideia de que cada homem devia ter "seu próprio relógio moral interior" e a crítica à lassidão e à preguiça: "Deus ajuda a quem cedo madruga". Acima de tudo, veremos a crescente associação entre a representação de tempo e dinheiro ("*time is money*").

É bom ressaltar que esse processo não ocorreu, mesmo em tempos mais recentes, sem reações. Um tipo de revolta contra a ideia de que "tempo é dinheiro" tem sido a rebeldia dos boêmios, poetas, *hippies* e *beatniks*. Quando Thompson publicou seu texto, em 1967, o movimento da "contracultura" espalhava-se por todo o mundo. O próprio autor ressalta, aliás, a importância criadora da fantasia, do ócio, dos pensamentos sem rumo, da poesia.

De qualquer forma, para os não revoltados, surgia um problema até hoje presente: o que fazer com o tempo livre? Surge, a partir desse processo, como sua outra face, a questão do *lazer*. Uma das decorrências da nova disciplina do tempo foi a "descoberta" do lazer das massas. Isso impulsionaria o desenvolvimento da "indústria" do turismo e do lazer de massas.

Ao acentuar-se a divisão entre tempo de trabalho e tempo ocioso, não produtivo, que deveria ser "ocupado", nasce uma nova espécie de repressão: "não dos divertimentos, mas da capacidade de relaxar segundo os antigos hábitos desinibidos" (Thompson, 1998:299). Isso fica claro na dificuldade que temos em "não fazer nada" e em ocupar o "tempo livre". Manuais de autoajuda que tentam ajudar a ter uma "administração" mais eficiente do tempo e textos sobre a importância de se "relaxar do estresse da vida cotidiana" tornam-se cada vez mais comuns.

Há meio século Thompson buscava uma alternativa na defesa de uma nova síntese de elementos do velho e do novo tempo, "descobrindo um imaginário que não se baseie nas estações, nem no mercado, mas nas necessidades humanas" (Thompson, 1998:303). Em sua visão, talvez por muitos considerada utópica:

> as pessoas talvez tenham de reaprender algumas das artes de viver que foram perdidas na Revolução Industrial: como preencher os interstícios de seu dia com relações sociais e pessoais mais enriquecedoras e descompromissadas; como derrubar mais uma vez as barreiras entre o trabalho e a vida [Thompson, 1998:302].

Temas para discussão

- ❑ Cada aluno (ou grupo de alunos) analisa um ou mais textos de autoajuda dedicados a usar "melhor" o tempo.
- ❑ Observar como movimentos sociais, como a contracultura dos anos 1960 e o movimento *hippie*, insurgiam-se contra o controle rígido do tempo.
- ❑ Sugestão de um seminário sobre a discussão atual acerca de como a informática e a internet podem alterar a nítida separação entre espaços e tempos de trabalho e doméstico (*home office* etc.)

SEÇÃO 17 — A ética protestante e o espírito do capitalismo[15]

O capitalismo e a racionalidade ocidental

Nas seções anteriores vimos diferentes abordagens acerca da organização do mundo industrial. Enquanto Durkheim procurou, por meio do conceito de *solidariedade orgânica*, explicar os mecanismos de coesão em grupos cada vez maiores e mais complexos, Thompson apresentou outra dimensão de análise, revelando como aquelas transformações estruturais acabaram por provocar mudanças profundas nos indivíduos que delas participaram. Veremos agora com Max Weber outra face daquela mesma questão, dentro dos marcos da *sociologia compreensiva* praticada por este autor.

A ética protestante e o espírito do capitalismo é a obra mais conhecida de Max Weber e um dos livros mais importantes da história das Ciências Sociais. Escrito em 1903, esse texto em forma de ensaio é, mais do que um estudo detalhado do protestantismo, uma sofisticada reflexão acerca da interação das ideias religiosas com o comportamento econômico. Weber parte, para tanto, de uma pergunta-base: Como o capitalismo, a força mais significativa da vida moderna (e dotada de um desenvolvimento universal em seu valor e significado), surgiu no Ocidente? Buscando superar o que chama de uma "noção ingênua de Capitalismo" (que o define apenas pelo "impulso para o ganho" ou pela "ânsia do lucro", existente em todos os tempos e lugares), o autor propõe a definição a seguir, sobre a qual construirá toda sua argumentação acerca da especificidade ocidental que lhe interessa compreender:

> Chamaremos de ação econômica "capitalista" aquela que se basear na expectativa de lucro através da utilização das oportunidades de troca, isto é, nas possibilidades pacíficas de lucro. Em última análise, a apropriação do lucro segue os seus preceitos específicos, e não convém colocá-la na mesma categoria da ação orientada para a possibilidade de benefício na troca. Onde a apropriação

---

[15] Texto de referência: Weber (1996, introdução e cap. 1).

Unidade III – Como a sociedade se mantém

capitalista é racionalmente efetuada, a ação correspondente é racionalmente calculada em termos de capital [Weber, 1996:4-5].

O trecho deixa claro o ponto de partida do autor em busca das origens desta que identifica como a especificidade do capitalismo moderno: a primazia da ação econômica baseada na *racionalidade*. Segundo o autor, não apenas a economia mas também o direito, o Estado, a ciência, a arquitetura e a arte do Ocidente moderno respondem a uma lógica racional, guiando-se pela monetarização, matematização, experimentação e burocratização, num claro distanciamento da dinâmica que regia as sociedades tradicionais. De acordo com Weber, o princípio da racionalidade rege, na modernidade, as diferentes esferas da atividade social, progressivamente submetida à lógica do cálculo, da opção estratégica, da autonomização e formalização das funções.

Refletindo sobre a objetivação dos vínculos sociais no mundo moderno, Weber se debruçou sobre o que chamou de "desencantamento do mundo" para estabelecer critérios de análise da realidade, pensando a racionalidade enquanto capacidade humana de atribuir sentido à própria conduta. Uma ação racional seria, assim, aquela carregada de significado e consciente com relação aos meios e fins empregados.

Ao colocar lado a lado consciência e racionalidade, Weber deixa claro o papel fundamental da agência individual no estabelecimento de uma economia racionalmente estruturada. Daí a importância dada pelo autor para o fato de, nos lugares em que a assim chamada *conduta racional* enfrentou obstáculos espirituais, o desenvolvimento de uma *conduta econômica* também ter encontrado resistências. Partindo de tal constatação, Weber se propôs compreender as forças religiosas e os ideais éticos de dever delas decorrentes, que sempre estiveram, no passado, entre os mais importantes elementos formativos da conduta humana.

Foi nesse sentido que Weber se dispôs, em seu estudo, a abordar a formação de uma "mentalidade econômica", buscando compreender em qual conjuntura sócio-histórica ela ocorreu. Alargando os próprios sentidos do *capitalismo*, o autor defende, como ponto de partida, que, mais do que um sistema econômico, ele corresponde a uma forma de "estar no mundo", a um *ethos* (entendido como o espírito, os valores morais, as ideias ou crenças de um grupo, comunidade ou cultura), que permearia as mais variadas esferas da vida social das sociedades modernas.

Filiação religiosa e estratificação social

Para além de seus interesses mais amplos no tema da especificidade da cultura ocidental ou na dinâmica de progressiva racionalização do mundo, o ensaio de Weber sobre as origens do capitalismo moderno partiu da constatação de que, historicamente, as principais posições no mundo dos negócios, assim como os níveis mais altos da mão de obra qualificada, eram predominantemente ocupados por protestantes.

Como explicar essa maior participação relativa de pessoas ligadas a uma mesma doutrina religiosa? Num primeiro plano, Weber procurou afastar explicações mais simplistas, como aquela que atribui a constatação a acasos históricos e destaques individuais, ou aquela que defende que a Reforma protestante teria representado a possibilidade de abandono dos parâmetros do tradicionalismo econômico. Em resposta a esta última hipótese, o autor nos recorda que a Reforma não implicou, sob nenhum aspecto, a eliminação do controle da Igreja sobre a vida cotidiana. Muito pelo contrário: a queixa dos reformadores sobre o catolicismo recaía justamente sobre a fragilidade da incidência da religião sobre seus seguidores, o que os levou à implementação de formas ainda mais rígidas de regulamentação da conduta dos fiéis, tanto no plano público quanto no privado.

Weber defende, então, que a explicação de tal fenômeno estaria nas diferentes *atitudes* de católicos e protestantes em relação à atividade econômica, cujas razões deveriam ser buscadas no caráter intrínseco permanente de suas crenças religiosas — que, no caso dos protestantes, estariam fortemente marcadas por uma maior tendência para o "racionalismo econômico". Essa evidente associação da ética protestante ao capitalismo revela, para o autor, uma profunda incompatibilidade entre a doutrina católica e a lógica do capital. Isso porque, nessa religião, a salvação é vista como fruto da fidelidade à Igreja, sem qualquer relação com as atividades mundanas. Já no protestantismo, tal como desenvolvido por Lutero a partir das ideias de Calvino, o comportamento econômico é encorajado à medida que a profissão passa a ser um dever, uma vocação e uma manifestação da fé. A nova religião teria incutido em seus seguidores o senso de obrigação moral para o cumprimento das ações terrenas, levando o *ascetismo* (doutrina que prega o exercício da espiritualidade por meio da recusa aos prazeres mundanos) ao centro da prática religiosa. Disciplina, recusa ao luxo e consciência profissional seriam, então, aspectos centrais nessa "ética protestante" que, ao introduzir um novo corpo de valores, regras e comportamentos do homem perante sua crença religiosa, acabou por criar um novo *ethos* segundo o qual o trabalho passava a ser um imperativo moral.

É nesse sentido que emerge, no livro, o conceito de *Beruf*, no original alemão, que, em certa medida, concentra em si a chave da análise proposta por Weber. Sinônimo alemão para a palavra inglesa *calling*, o conceito pode ser traduzido por "vocação", e carrega em seu significado uma tarefa de vida, uma ocupação ligada ao trabalho. Para Weber, é fundamental o fato de não existir correspondente conhecido para essa palavra entre os povos predominantemente católicos, enquanto foi sempre uma constante entre os protestantes. O conceito carrega a valorização do cumprimento dos deveres nos afazeres seculares "como a mais elevada forma que a atividade ética do indivíduo pudesse assumir" (Weber, 1996:71). Desta forma, a religião chegaria às entranhas da vida cotidiana, elevando a ideia de vocação ao *status* de dogma religioso: o indivíduo se eleva ao cumprir o que lhe foi designado.

Podemos dizer, assim, que Weber defende a hipótese de que o capitalismo precisou, em determinada época, "aliar-se" a determinadas forças religiosas para se desenvolver, suplantando a ideia (então hegemônica) de que ganhar dinheiro como um fim em si, como uma vocação, era algo moralmente condenável. Enquanto o catolicismo medieval, com seu tradicionalismo no plano econômico, valorizava a contemplação, desprezando o trabalho para além do necessário à sobrevivência, o protestantismo via nele a própria finalidade da vida, pregando que a indisposição ao trabalho era um sintoma da ausência do estado de graça. O burguês protestante via-se, assim, moralmente habilitado a perseguir o lucro, libertando-se das inibições da ética tradicional.

Com essa justificativa moral para as atividades mundanas, em contraste com o valor dado pelos católicos ao monastério, o protestantismo defendia, portanto, a aceitação da vocação como uma ordem divina à qual o indivíduo deveria se adaptar. Este é o ponto central daquela que podemos ler como a grande contribuição weberiana nessa obra: a demonstração do papel central desempenhado pelas forças religiosas no desenvolvimento de nossa cultura moderna, de caráter secular. Essa associação (porém não determinação) entre dever moral e exercício profissional é, portanto, uma característica fundamental ao desenvolvimento da ética social que rege o sistema capitalista ocidental, marcado, especialmente, pela racionalidade como princípio da busca pelo lucro.

É importante lembrar que, para além de ser uma lógica econômica, o capitalismo, tal como pensado por Weber, é também um sistema cultural, formado por ideias e hábitos que acabaram por transformar a configuração sociocultural do ocidente. Assim, longe de propor uma equação simplista, na qual Reforma e capitalismo aparecem como causa e efeito, Weber concentra seus esforços na identificação do lugar da religião na formação e expansão do dito "espírito capitalista", hoje hegemônico na cultura moderna ocidental tal como a conhecemos e vivenciamos.

SEÇÃO 18 — O "espírito do capitalismo"[16]

O espírito capitalista

Visando dar corpo àquilo que chama de "espírito do capitalismo organizado e racional", Weber analisa, no segundo capítulo de *A ética protestante e o espírito do capitalismo*, um documento que bem expressa as características ressaltadas pelo autor, com a vantagem de ser livre de qualquer relação direta com a religião, "estando, assim, para os nossos objetivos, livre de preconceitos" (Weber, 1996:29). Trata-se de dois pequenos textos escritos por Benjamin Franklin (1706-1790), importante político e jornalista norte-americano: "Dicas necessárias para aqueles que querem se tornar ricos"

---

[16] Texto de referência: Weber (1996, cap. 2).

UNIDADE III – COMO A SOCIEDADE SE MANTÉM

(1736) e "Conselhos a um jovem comerciante" (1748). Esses escritos são vistos por Weber como a síntese mais bem-acabada da ética capitalista.

Com máximas como "tempo é dinheiro", "crédito é dinheiro" e "o dinheiro pode gerar dinheiro", Franklin delineava uma verdadeira doutrina da lógica capitalista, na qual o principal mandamento é, sem dúvida, o de trabalhar o mais arduamente possível, pelo maior tempo possível, para se ganhar o máximo de dinheiro possível. Condenando sumariamente a perda de *tempo* e de *dinheiro* (ali tomados como itens intercambiáveis), tal doutrina defende claramente a adoção de uma rígida disciplina segundo a qual o dinheiro ganho não deve ser gasto em lazer ou conforto, mas sim investido (e continuamente reinvestido) de modo a gerar cada vez mais dinheiro.

De acordo com Weber, os princípios expostos por Benjamin Franklin exaltariam virtudes como a frugalidade, a pontualidade nos pagamentos, a laboriosidade e a fidelidade nos acordos — qualidades que, no seu conjunto, culminariam no aumento de crédito e, consequentemente, de oportunidades de multiplicação do capital. Para tanto, segundo Benjamin Franklin, seria necessário manter uma contabilidade precisa, um rigoroso balanço das despesas e receitas.

Essa "filosofia da avareza" visaria, em suma, instrumentalizar a conduta de um homem comprometido com a honestidade, com a garantia de crédito e, principalmente, com o aumento de seu capital — objetivo final que deve, ao fim e ao cabo, ser tomado como um fim em si mesmo. Nas palavras de Weber (1996:31):

> Na verdade, o que é aqui pregado não é uma simples técnica de vida, mas sim uma ética peculiar, cuja infração não é tratada como uma tolice, mas como um reconhecimento do dever. Esta é a essência do problema. O que é aqui preconizado não é mero bom senso comercial — o que não seria nada original — mas sim um ethos.

Correspondendo a uma ética profundamente calcada na lógica utilitária, aquela filosofia parece mover-se por um único objetivo: garantir condutas geradoras de merecimento de crédito. A peculiaridade desse *ethos* perante outras formas de acúmulo de capital observada em diferentes tempos e lugares seria, portanto, o investimento na ideia de *vocação*, fazendo do ganho de dinheiro um sinal inconteste de virtude.

Apesar de hoje amplamente aceito e praticado, esse "espírito do capitalismo" de que nos fala Weber — reconhecido numa incessante busca por mais e mais dinheiro — encontrou muitos obstáculos até atingir a hegemonia que o caracteriza nos tempos atuais. Num primeiro plano, a premissa da avareza que norteia os pilares das máximas de Benjamin Franklin era fortemente condenada, sob o ponto de vista ético e moral, na Antiguidade e na Idade Média. Além disso, numa perspectiva mais abrangente, aquele *ethos* teve de lutar contra o tradicionalismo econômico pré-capitalista, cujos princípios estavam profundamente arraigados na ordenação cotidiana de grande parte da Europa ocidental — onde, não raro, os empreendedores se ajustavam a uma rotina confortável, com poucas horas de trabalho, ganhos moderados e baixa taxa de lucro, cultivando seu círculo tradicional de fregueses sem ambição de expandi-lo. O contraponto dessa ética tradicional, em relação aos trabalhadores, configurava-se no fato de que o pagamento por tarefa acarretava não um aumento, mas uma diminuição da produtividade: trabalhava-se menos para ganhar o mesmo.

Ao contrário do que pode sugerir a naturalidade com que convivemos com esse "espírito do capitalismo", sua expansão não foi, portanto, pacífica, gerando desconfiança e indignação moral por parte de diversos grupos que com ele se depararam. É nesse sentido que Weber afirma que a "ética protestante" foi uma "aliada poderosa" no processo de disseminação daquele novo *ethos*, dando ao capitalismo alicerces de fundo religioso. Associado a determinadas qualidades éticas bastante diferentes daquelas adaptadas ao tradicionalismo econômico, o espírito do capitalismo encontrou no protestantismo um importante agente moralizador. Longe de uma causalidade de teor determinista, a relação entre a ética protestante e o espírito do capitalismo se definia, assim, por uma bem-sucedida aliança, na qual ambos se viram reciprocamente fortalecidos.

Da ética religiosa à ética utilitária

Ainda que o cerne de sua análise esteja na relação estreita entre a "ética protestante" e o "espírito do capitalismo", é preciso ressaltar que Weber não faz uma associação eterna e indissolúvel entre o capitalismo e o ascetismo protestante. Segundo ele, uma vez implantado e fortalecido, o novo sistema socioeconômico expandiu-se independente da ética puritana, passando a reger não apenas a economia, mas a vida cotidiana dos mais diferentes grupos sociais e religiosos do Ocidente moderno. Progressivamente apartado da vida devota, o espírito do capitalismo teria se tornado hostil ou indiferente à Igreja, que, por sua vez, passou a ser crescentemente associada a algo que afasta as pessoas do trabalho.

Ainda de acordo com Weber, enquanto os primeiros "capitalistas ascéticos" justificavam sua gana por lucro através da lógica da redenção perante Deus, os "capitalistas contemporâneos" explicariam a vontade de aumentar seu capital como algo em favor de seus descendentes, numa busca crônica pela multiplicação do dinheiro. Tal atitude seria, segundo o autor, um reflexo da incorporação profunda do "espírito capitalista" em suas rotinas de vida, culminando numa dinâmica em que o capitalista passou a existir em razão de seu negócio, e não o contrário.

Alheios à "tendência ascética" que marcava os antigos burgueses (então guiados pela sensação moral de "dever cumprido"), os novos capitalistas teriam, em geral, a ostentação e o prazer mundano como objetivo. Já distante do embasamento de teor religioso, o capitalismo moderno, ao tornar-se dominante, teria se emancipado de seus antigos suportes.

Tratando do contexto que lhe era contemporâneo (início do século XX), Weber desenvolve então a ideia de que a ética religiosa dera lugar a uma ética profissional, especificamente burguesa, voltada à prática do *consumo* e não mais tendente exclusivamente à poupança. A *vocação* passava assim a ter uma *interpretação utilitária*, dando corpo a escritos como os de Benjamin Franklin, que, apesar de apresentarem a mesma fundamentação da ascese vocacional do protestantismo, careciam de sua fundamentação religiosa.

A prisão de ferro

Já ao final do livro, Weber apresenta aos leitores uma imagem poderosa: a de uma "prisão de ferro". A imagem remete à crescente autonomização do capitalismo, que, progressivamente ligado à produção em série por meio da máquina, passou a determinar o estilo de vida dos indivíduos nascidos sob sua lógica. É nesse sentido que o autor chama a atenção, num tom pessimista, para o fato de que, ao contrário do que pensavam os antigos puritanos teóricos da ética protestante — que a preocupação com os bens materiais vestiria os ombros do homem devoto "como um tênue manto, do qual a toda hora se pudesse despir" —, o destino fez com que o manto se transformasse numa *prisão de ferro*, da qual o indivíduo já não poderia mais escapar.

Por fim, é interessante ainda perceber que tanto o protestante ascético quanto o capitalista racional, delineados por Weber, são *tipos ideais*, pensados, como vimos na seção 6, a partir do exagero de características que os configuram enquanto personagens sociais e historicamente localizados. A partir de suas ações sociais, cada um desses tipos encontra mais ou menos correspondência no mundo real, podendo, de acordo com a metodologia weberiana, ser empregados na análise sociológica de fenômenos característicos de nossa ocidentalidade moderna. Em suma, o estudo da ética protestante, de acordo com Weber, se propõe explorar, tipologicamente, uma fase específica da emancipação da magia, de "desencanto do mundo", marcada pela emergência do capitalismo como sistema sociocultural hegemônico no mundo ocidental.

Vale ainda lembrar que Weber não se preocupa em demonstrar e analisar os meandros históricos daquela causalidade. Seu objetivo é, antes de tudo, traçar um quadro sociológico que, através da ligação autoevidente entre a ética protestante e o espírito do capitalismo, analisasse o processo de racionalização característico do Ocidente moderno e cujos reflexos podiam ser sentidos em campos como a arte, a política, a ciência e o direito. Assim, capitalismo, protestantismo e racionalidade são faces de um mesmo processo, identificado por Weber como a singularidade ocidental nos tempos modernos, a partir da qual podem ser pensadas as mais diversas esferas da vida social. A conduta humana considerada no seu plano mais subjetivo — o campo das forças mágicas e religiosas e as ideias éticas de dever — passa então para o primeiro plano nessa tentativa de identificar (e entender) as influências formativas de conduta que, em última instância, levaram à especificidade conjuntural que hoje conhecemos como capitalismo moderno. Em suas palavras (Weber, 1996:32),

> Será nossa tarefa descobrir a filiação intelectual particular do pensamento racional em sua forma concreta, da qual surgiu a ideia de devoção ao trabalho e de vocação, que é, como vimos, tão irracional do ponto de vista do autointeresse puramente eudemonista, mas que foi e ainda é um dos elementos mais característicos de nossa cultura capitalista. Estamos aqui interessados sobretudo na origem do elemento irracional subjacente nesta como em qualquer concepção de vocação.

SEÇÃO 19 — O "fetichismo" das coisas na modernidade[17]

O capital

Nas seções passadas vimos, com Max Weber, uma análise da gênese do capitalismo como sistema sociocultural. Ainda que extremamente importante, aquela não é, certamente, a única análise clássica que busca compreender o desenvolvimento do sistema capitalista no mundo ocidental. Assim como Weber, Karl Marx também se debruçou sobre o tema, desenvolvendo-o em sua obra mais importante e conhecida: *O capital*.

Composto por quatro volumes, *O capital* começou a ser publicado em 1867 com a proposta de refletir sobre aquilo que Marx chama de uma *crítica da lógica econômica baseada no capital*. Trata-se do trabalho no qual o autor define e desenvolve muitos conceitos que estruturam toda a sua obra, como os de "mais-valia" e o de "modo de produção capitalista" — incluindo uma crítica sobre a teoria do valor-trabalho de Adam Smith e de outros temas caros aos economistas clássicos.

---

[17] Textos de referência: Marx (1883) e Simmel (1909).

O primeiro livro (o único que Marx lançou em vida) é dedicado ao estudo do processo de produção do capital e divide-se em sete partes: "Mercadoria e dinheiro"; "A transformação do dinheiro em capital"; "A produção da mais-valia absoluta"; "A produção da mais-valia relativa"; "Produção da mais-valia absoluta e da mais-valia relativa"; "O salário"; e "Acumulação do capital". De modo geral, podemos dizer que, no Livro 1, Marx se preocupa não apenas em definir os conceitos básicos que norteiam o restante da obra, mas também em entender o processo histórico em que se haviam formado as condições de desenvolvimento da realidade econômica de seu tempo — ou seja, a segunda metade do XIX, momento em que a Inglaterra vivenciava os profundos efeitos materiais e sociais da Revolução Industrial.

Sem se prender a uma narrativa cronológica, Marx desenvolve seus argumentos em torno da ideia de que o capital não seria uma realidade objetiva, natural, mas sim o resultado de uma forma historicamente determinada de relação entre os homens. Para tanto, abre seu trabalho afirmando que

> A riqueza das sociedades em que domina o modo de produção capitalista apresenta-se como uma imensa acumulação de mercadorias. A análise da mercadoria, forma elementar desta riqueza, será, por conseguinte, o ponto de partida da nossa investigação [Marx, 1985:25].

Vejamos, então, qual o lugar da mercadoria na análise de Marx, e quais os motivos que levaram o autor a tomá-la como eixo de sua reflexão sobre o capitalismo.

A mercadoria

É comum nos depararmos com a ideia de que hoje tudo é mercadoria. Roupas, alimentos e até mesmo o conhecimento são adquiridos pela lógica do mercado, num cenário em que praticamente tudo pode ser vendido ou comprado. Mas o que será que define a mercadoria? Qual será a característica comum que nos permite reunir sob um mesmo rótulo coisas como um par de meias, um título universitário e uma passagem de ônibus? Segundo Marx (1985:45),

> mercadoria é, antes de tudo, um objeto externo, uma coisa, a qual pelas suas propriedades satisfaz necessidades humanas de qualquer espécie. A natureza dessas necessidades, se elas se originam do estômago ou da fantasia, não altera nada na coisa.

Ainda que bastante clara, a definição não se esgota em si mesma. Para compreender a exterioridade e a capacidade de satisfação a que se refere Marx, é preciso entender as duas dimensões que se sobrepõem a toda e qualquer mercadoria: o *valor de uso* e o *valor de troca*.

O *valor de uso* se refere à utilidade da mercadoria e se vincula às suas características físicas: um alimento serve para saciar a fome, uma roupa serve para vestir, um carro serve para se locomover. O *valor de uso* se realiza no ato de efetivo emprego da mercadoria, sendo, portanto, definido por critérios qualitativos.

O *valor de troca*, por sua vez, se define pela capacidade de a mercadoria ser trocada, em determinadas proporções, por outras mercadorias. Tal definição se baseia na constatação de que o capitalismo se sustenta num sistema de trocas permanentes. Uma vez que o homem se vê incapaz de produzir tudo aquilo que necessita para sua subsistência, instaura-se uma dinâmica de trocas mútuas que acontecem conforme padrões de equivalência. Desse modo, estabelece-se, por exemplo, que um quilo de batatas equivale a meio quilo de tomates, ou que uma joia pode ter valor igual ao de determinado imóvel.

Diante desta constatação, as questões formuladas por Marx em seu esforço de compreensão da lógica de funcionamento do capitalismo foram: o que há de comum entre as tantas mercadorias diferentes que viabiliza essa troca mútua? Qual é o critério universal que nos permite medir o valor de qualquer mercadoria em função de outra (como, por exemplo, dizer que um quilo de carne vale 10 quilos de cenoura)? Ou seja, qual a substância constituidora do valor das mercadorias?

Para Marx a resposta a essas perguntas é inequívoca: o trabalho. Toda mercadoria é fruto do trabalho humano, seja ela um curso, um pacote de biscoitos ou um litro de gasolina. Tudo aquilo que compramos foi feito por outra(s) pessoa(s) a partir do emprego de determinada quantidade de trabalho. A quantidade de trabalho é, por sua vez, medida por seu tempo de duração, que pode ter como unidade de medida frações como hora, dia, mês etc. O *valor de troca* corresponde, assim, à medida da quantidade de trabalho utilizada na produção da mercadoria. É através dela que se pode trocar mercadorias distintas ou, mais precisamente, quantidades de trabalhos sociais distintos. Nesse sentido, enquanto o *valor de uso* se refere às especificidades de uma mercadoria (determinando para que fim deve ser empregada), os valores de troca refletem mais o que as mercadorias têm em comum entre si.

Percebemos que a mercadoria se define por conjugar, num mesmo objeto, *valor de uso* e *valor de troca*. Uma roupa costurada por uma mãe para o filho, por exemplo, não é produzida com o intuito de ser trocada, não podendo, portanto, ser definida como uma mercadoria. Uma peça idêntica adquirida em uma loja, por sua vez, além de ter o mesmo valor de uso da peça feita para uso doméstico, está ainda acrescida de valor de troca, que permite que seja comprada, tornando-se, assim, uma merca-doria. Portanto, a mercadoria se define por ser um produto do trabalho humano criado não para o consumo de quem a produziu, mas para ser trocada no mercado.

É importante ainda perceber que o *valor de uso* é condição imperativa para a existência do *valor de troca*. Isso significa que um produto só pode ser trocado se tiver características que o permitam ser usado por alguém.

Outro aspecto que merece atenção é o fato de que o trabalho humano que cria valores de uso para seu próprio consumo não possui as mesmas características que aquele que produz valores de troca. Quando produzi-mos um pão em nossas casas para nosso próprio consumo, estamos diante de um trabalho concreto, perceptível, do qual temos ciência de todas as etapas envolvidas. Porém, quando o padeiro produz o pão como merca-doria, visando imbuí-lo de valor de troca e, assim, poder vendê-lo aos seus clientes, a força do trabalho despendida pelos empregados de sua padaria tem outras características: não é mais o trabalho útil e concreto de homens que fazem este ou aquele pão que é levado em conta, mas sim o trabalho homogêneo de todos os empregados juntos, tomado de forma abstrata, geral e revelado sob a forma da mercadoria-pão.

Tal diferença entre os tipos de trabalho seria o desdobramento direto do processo mais amplo de *divisão do trabalho*, que entre os séculos XVI e XVIII alterou profundamente a natureza da produção com o advento das manufaturas. Esse processo, como já vimos em outras seções, culminou no declínio da produção artesanal, que passou a dar espaço para um sistema baseado na combinação de diferentes ofícios, que perderam sua independência, se especializando até se tornarem etapas parciais da feitura de uma única mercadoria. Assim, se numa produção doméstica, artesanal uma mesma pessoa é responsável por todas as etapas da produção do pão, numa produção voltada ao mercado diferentes trabalhadores assumem distintas etapas do processo, atuando de acordo com sua especialidade (produção da farinha, mistura dos ingredientes, tempo de forno e até mesmo a venda do pão).

Não é difícil imaginar que a divisão do trabalho teve como consequência imediata um notável incremento da produção, permitindo uma oferta muito maior de mercadorias aos consumidores.

O filósofo escocês Adam Smith (1723-1790), geralmente considerado o fundador da economia política, abre seu livro mais importante, *Investigação sobre a natureza e causa da riqueza das nações* (1776), com o exemplo da mudança causada pela divisão do trabalho em uma fábrica de alfinetes. Se, sozinho, um único trabalhador não conseguiria fazer mais do que 20 alfinetes num dia, 10 pessoas, dividindo as tarefas, poderiam produzir, em média, 4.800 alfinetes cada por dia! Adam Smith atribui à divisão do trabalho esse espetacular aumento de produtividade e qualidade, resultante da conjugação de três fatores: o aumento da destreza de cada trabalhador; a economia de tempo ao se passar de uma operação para outra; e a invenção de máquinas que facilitam o trabalho e reduzem o tempo de realizá-lo.

Para Adam Smith, o aumento da divisão do trabalho permitiria não apenas o aumento da riqueza geral, como também sua difusão a todas as camadas da população.

Essa visão positiva e otimista contrasta com a de Marx, para quem esse modelo também acarretou a mutilação do trabalhador em sua humanidade, fazendo com que deixasse de se reconhecer no produto de seu trabalho. Ao concentrar-se apenas em uma das muitas etapas da produção, o trabalhador acaba por não identificar no produto final os traços de seu esforço. É justamente dessa separação entre produtor e produto que se origina aquilo que Marx chama de o "fetiche da mercadoria".

O fetiche da mercadoria

Você certamente já ouviu a palavra "fetiche". Ela é usada cotidianamente para aludir a práticas ou objetos que despertam algum tipo de desejo ou atração sobre alguém. Derivada da palavra portuguesa "fetisso", que deu origem à atual "feitiço", "fetiche" se define como algo a que se atribui poderes mágicos, sobrenaturais. Com efeito, os primeiros registros de uso dessa palavra se relacionam a objetos empregados em cultos religiosos da África ocidental, cujos significados eram estranhos aos colonizadores portugueses.

Mas qual a relação entre a mercadoria, tal como definida e analisada por Marx, e a ideia de fetiche? Em que medida o campo da economia e do mercado se cruzam com o mundo da magia? Para responder a tais perguntas é preciso retomar o ponto desenvolvido no item anterior, no que remete ao divórcio cognitivo entre o trabalhador e a mercadoria. Isso porque, no capitalismo, o homem participa apenas parcialmente do processo produtivo, acabando por não se reconhecer no produto de seu trabalho. Como consequência, a mercadoria assume para ele uma forma misteriosa. Como explicam Marx e Engels (1982),

> A mercadoria é misteriosa simplesmente por encobrir as características sociais do próprio trabalho dos homens, apresentando-as como características materiais e propriedades sociais inerentes aos produtos do trabalho; por ocultar, portanto, a relação social entre os trabalhos individuais dos produtores e o trabalho total, ao refleti-la como relação social existente, à margem deles, entre os produtos do seu próprio trabalho.

Produz-se, assim, um mundo encantado e distorcido, no qual as mercadorias parecem adquirir vida própria, estabelecendo por si só relações no mundo social. Uma boa amostra disso pode ser vista em expressões cotidianas que confirmam esse empoderamento da mercadoria frente aos homens. Não é incomum escutarmos frases como "o açúcar subiu", "o frango baixou" ou "a carne desapareceu", numa clara incorporação dessa aparente agência e autonomia que as mercadorias assumem no sistema de produção capitalista.

É nesse sentido que Marx fala no "fetiche da mercadoria": ao apresentar-se no mercado como algo autônomo, dotado de qualidades especiais completamente alheias à vontade dos homens, o produto se apresenta ao trabalhador que o produziu como algo "sobrenatural", cuja existência parece derivar de um passe de mágica, e não de seu próprio trabalho.

De fato, quando vamos ao supermercado ou a um shopping center nos deparamos com uma enorme gama de mercadorias, nos cabendo apenas escolher qual delas é mais adequada à satisfação de nossas necessidades. Estabelecemos uma relação direta com esses produtos, sem entrar em contato com o fundamento que define sua própria existência — o fato de ser "trabalho humano cristalizado". Não percebemos, assim, que, ao comprar um produto, estamos adquirindo nada mais que o trabalho de outras pessoas, e que estamos, portanto, travando uma relação social. Daí a conclusão de Marx, para quem a mercadoria pode ser definida como "determinada relação social entre os próprios homens que para eles aqui assume a forma fantasmagórica de uma relação entre coisas" (Marx, 1985:71).

Ocultam-se assim as relações de trabalho que produzem a mercadoria, num cenário em que, nas palavras do autor, "o processo da produção passou a dominar o homem, ao invés de ser dominado por ele" (Marx, 1985: 78). A lógica é, para Marx, a mesma da religião, na qual os deuses, criados pelos homens, com propriedades, características e sentimentos humanos, passam a dominá-los, como se tivessem uma existência autônoma.

Não é difícil perceber que esse caráter fetichista da mercadoria de que nos fala Marx é explorado, por exemplo, pela publicidade, que frequentemente investe explicitamente no aspecto "sobrenatural" da mercadoria. Grande parte da lógica de estímulo ao consumo repousa em persuadir o consumidor de que, ao adquirir determinada mercadoria, se tornará "especial", como se, por feitiço, incorporasse as "propriedades mágicas" daquilo que está comprando. Deixa-se de lado, contudo, o fato de que as mercadorias que compramos não estão desvinculadas de relações sociais, uma vez que é o trabalho humano (e não alguma propriedade fantástica, sobrehumana) que lhes confere valor de uso ao modificar a natureza para criar algo capaz de satisfazer nossas necessidades. É nesse sentido que Marx fala na reificação (ou "coisificação") das relações sociais, que perdem seu caráter humano para limitar-se ao contato com as mercadorias.

Mas o estabelecimento e continuidade dessa fetichização da mercadoria e reificação das relações sociais não seria possível sem o intermédio de um "equivalente geral", capaz de medir "objetivamente" o valor de troca: o dinheiro. É graças a ele que as mercadorias podem ser trocadas sem que o comprador tenha de ter contato com o produtor, permitindo, assim, que as relações sociais acumuladas no processo de produção permaneçam ocultas. É, portanto, a mediação do dinheiro que permite que o mercado ganhe aparência de relações entre coisas, e não entre homens que intercambiam o produto de seu trabalho.

O dinheiro e a cultura objetiva

Não foi apenas Karl Marx que viu com preocupação os efeitos do avanço das novas formas de produção sobre as relações sociais. Com uma abordagem diferente, mais voltada à análise das interações humanas do que propriamente das engrenagens do sistema econômico, George Simmel se dedicou ao mesmo tema, apresentando, em 1909, uma reflexão cujos princípios parecem não ter envelhecido.

Afirmando tratar do "futuro da nossa cultura", Simmel aponta para os perigos da desproporção crescente entre a "cultura das coisas" (tecnologias, artes, conhecimentos diversos) e a "cultura do homem" (a capacidade do indivíduo de absorver tudo aquilo para seu cultivo pessoal). Fruto do processo de divisão do trabalho, esse abismo só tenderia a aumentar, criando um panorama em que a "cultura das coisas" se multiplicaria "indiferente a "nós", numa vida "puramente objetiva", ao passo que nossa capacidade de compreensão se mostraria cada vez mais limitada.

Assim como Marx, Simmel vê nessa reprodução descontrolada do mundo da cultura objetiva (ou da mercadoria, como diria Marx) um fator de desumanização das relações sociais, que tendem a se tornar cada vez mais atomizadas. Garantindo a impessoalidade das trocas comerciais, o dinheiro seria, nesse processo, um elemento central na transformação das relações sociais, pois, com a economia monetária, as relações se tornam mais objetivas, deixando de ser pessoais para se tornarem, cada vez mais, relações de troca.

Nesse sentido, Simmel vê no dinheiro um importante fator de desenvolvimento do individualismo, que, como veremos na seção seguinte, tem no pragmatismo das relações sociais um de seus elementos mais marcantes.

Temas para discussão

❑ Pensar como a *publicidade* oferece bens intangíveis e impagáveis — felicidade, satisfação, prazer — em troca de "mero" dinheiro.

❑ A busca permanente do dinheiro caracteriza a vida moderna? O dinheiro é "o deus da nossa era"?

SEÇÃO 20 — O modo de vida metropolitano e a ascensão do individualismo[18]

As grandes cidades

Na seção anterior vimos como as relações humanas sofreram transformações profundas com o desenvolvimento do capitalismo e da economia monetária. A partir dos escritos de Marx e Simmel, pudemos refletir sobre elementos como a mercadoria e o dinheiro, hoje tão naturalizados em nossos cotidianos, percebendo-os como fruto de um processo histórico espe-

---

[18] Texto de referência: Simmel (1979:11-25).

cífico e, não menos importante, fatores de grandes mudanças dos padrões de interação social.

Mas a mercadoria e o dinheiro não são, por certo, os únicos aspectos a serem considerados na análise da emergência e consolidação da sociedade moderno-contemporânea. O desenvolvimento da tecnologia industrial, os avanços da medicina, a aceleração dos meios de transporte, o surgimento da fotografia etc. são exemplos dos incontáveis elementos que, de diferentes maneiras, colaboraram com a redefinição da paisagem física e social da Europa do século XIX. Mas, de todos os aspectos recorrentemente lembrados, um deles parece perpassar todas as análises clássicas sobre o tema: o acelerado crescimento urbano e o consequente surgimento das metrópoles.

As grandes cidades são, hoje em dia, uma realidade conhecida em todo o mundo. Seja no nosso cotidiano ou em cenas diárias na televisão, estamos acostumados à imagem de grandes avenidas cheias de carros e calçadas pontilhadas de transeuntes apressados. Estima-se que até 2030 cerca de 60% da população mundial esteja vivendo em áreas urbanas, numa mostra de que o lugar das cidades em nossa sociedade só tende a aumentar.

Mas você sabe definir o que é uma cidade? A maneira mais comum de responder a esta pergunta é recorrendo a critérios demográficos, ou seja, valorizando o número de habitantes e/ou a densidade populacional. Outro meio de definição é o uso dos chamados critérios funcionais, que consideram as diferentes atividades da população economicamente ativa. Neste caso, um aglomerado deverá ser considerado cidade quando predominarem os setores secundário (indústria e produção de bens de consumo) e terciário (serviços e comércio). É ainda possível buscar definir uma cidade por critérios jurídico-administrativos, que recorrem às decisões legislativas para determinar onde começa e onde termina um território urbano.

Ainda que possam ser úteis em diferentes contextos e situações, tais critérios não são, de nenhuma maneira, suficientes para dar conta daquilo que, nas Ciências Sociais, ficou conhecido como o "fenômeno urbano". Isso porque, para além de seus aspectos demográficos, funcionais ou administrativos, a cidade se apresenta a seus habitantes como um *campo de práticas*, um espaço que abriga experiências e relações próprias da vida em grandes cidades. Mais que tentar definir, por critérios objetivos, o que é uma cidade ou uma metrópole, o cientista social se interessa por compreender *como se vive* nesses lugares, *como se estabelecem as relações sociais* que se desenvolvem ali.

Com perguntas assim, diversos pensadores vêm, desde os primórdios das Ciências Sociais, se debruçando sobre as especificidades do fenômeno urbano. Friedrich Engels, por exemplo, escreveu sobre o surgimento da classe trabalhadora, cuja presença nas grandes cidades se fazia por uma vida marcada pela precariedade de suas moradias. Max Weber, por sua vez, elaborou uma tipologia das cidades, procurando mostrar como o desenvolvimento urbano no mundo ocidental era inseparável do processo de emergência e consolidação do capitalismo. Mas foi, sem dúvida, o alemão Georg Simmel quem dedicou mais atenção à questão do *modo de vida nas grandes cidades*, fazendo da análise do fenômeno urbano um dos eixos centrais de toda sua obra.

Propondo uma relação direta entre o desenvolvimento da economia do dinheiro, a ascensão do individualismo e o modo de vida metropolitano, Simmel articulou uma análise original sobre as relações nas grandes cidades. Sublinhando a *impessoalidade* como resultado mais marcante da combinação entre esses três elementos, o autor delineou sua reflexão em torno daquilo que denominou a *atitude blasé* do habitante urbano. A tradução dessa palavra francesa significa embotada, insensível, estagnada por excesso.

Mas, antes de avançar na análise simmeliana sobre o tipo metropolitano, é preciso compreender, ainda que brevemente, seus apontamentos acerca do desenvolvimento do individualismo no Ocidente.

A ascensão do individualismo

Como vimos na seção 2, com Alan Dawe, a transição da Idade Média para a Idade Moderna foi marcada pelo fim daquilo que o autor chama de "a inseparabilidade entre grupo e pessoa". Motivada por processos como a perda do poder da Igreja sobre a vida cotidiana e a ascensão de ideologias ligadas ao racionalismo, essa mudança foi, como recorda o autor, profundamente marcada pelo acelerado crescimento das cidades, cujas dimensões contribuíam sobremaneira para a dissolução dos laços comunitários.

Assim como Dawe, Simmel dedicou-se à análise das transformações nos padrões das relações sociais no contexto da modernidade. Seu foco, contudo, recai sobre o processo de desenvolvimento do *sentimento ocidental de individualidade*, cujas origens estariam, segundo ele, no período da Renascença. Marcado pela ascensão dos ideais iluministas, que defendiam o reconhecimento do sujeito como valor, o Renascimento deixava para trás a rigidez das hierarquias medievais, dando espaço ao surgimento do princípio da universalidade humana. Nascia ali o princípio daquilo que, no século XVIII, emergiria como consequência direta da Revolução Francesa: a difusão dos princípios da igualdade e da liberdade que, associados, davam impulso ao desenvolvimento de um individualismo que se traduzia pela ideia de *autonomia*. Já livre de qualquer tutela ou submissão, o indivíduo sabia-se agora sujeito ativo de direitos e deveres, papel que lhe era garantido pela igualdade que unia todos os homens. Era, de acordo com Simmel, o *individualismo quantitativo*, em que cada um se reconhecia como ser autônomo e dotado de liberdade natural.

No século XIX, porém, a busca por *autonomia* daria lugar à busca por *singularidade*. Com o "eu" já suficientemente fortalecido pelo sentimento de igualdade e universalidade, o homem moderno buscou mais uma vez a desigualdade — mas desta vez uma desigualdade determinada de dentro para fora. Depois de o indivíduo ter sido, em princípio, liberado das cadeias do *status*, da hereditariedade e da Igreja, a busca da independência continuaria agora no desafio de distinguir-se dos outros. Já não importava ser um indivíduo livre como tal, mas sim ser um indivíduo singular, insubstituível, único diante dos demais. Era o *individualismo qualitativo*, marca de uma sociedade que se urbanizava rapidamente, fazendo da multidão e do anonimato elementos cada vez mais comuns no cotidiano do homem ocidental.

É importante perceber que as duas formas de individualismo (quantitativo e qualitativo) não apenas se opõem como também se complementam. Isso porque o individualismo qualitativo só é possível sob a condição do individualismo quantitativo, ou seja, o desejo por diferenciação só se pode realizar numa sociedade em que a liberdade e a igualdade estejam devidamente garantidas.

Ainda que breves, essas considerações nos permitem compreender a associação direta que Simmel estabelece entre *individualismo* e *metrópole*, que se liga não apenas ao crescimento físico das cidades mas também à difusão de valores ligados ao meio urbano. Tal associação fica ainda mais clara quando o autor afirma que o trânsito por vários grupos diferentes (como a família, o ambiente de trabalho e o espaço de lazer noturno, por exemplo) é condição básica para o desenvolvimento do individualismo, uma vez que esta experiência estimula e reforça a percepção de si como ser independente. E onde mais encontrar a possibilidade de circulação por universos tão diferentes e, ao mesmo tempo, tão próximos senão numa grande cidade?

Não é difícil, assim, compreender porque Simmel, em seu famoso texto, "A metrópole e a vida mental" (de 1902), articula as grandes cidades e o individualismo moderno numa mesma reflexão, fazendo deles uma mesma e inseparável unidade de análise.

Cidade e a atitude blasé

Você sabe com quantas pessoas cruzou hoje, no trajeto entre sua casa e a faculdade? Sabe quantos carros passaram por você? Saberia dizer por quantas casas, edifícios e lojas passou? Poderia reproduzir todas as conversas que chegaram, ainda que fragmentadas, aos seus ouvidos? Se você vive numa cidade de grande ou médio porte, a resposta a todas estas perguntas é certamente uma só: não.

No pragmatismo de nossas vidas cotidianas, muitas vezes saímos de casa com rumo certo, quase que em "modo piloto automático", e chegamos ao destino sem atentar à multiplicidade infinita de tipos, cores e sons com que nos deparamos no trajeto. Pessoas, ruídos, vozes e ruas são reunidos sob o rótulo de "caminho", e dificilmente algo nos desperta interesse. Para nós, essa desatenção aos tantos aspectos e detalhes que povoam nossa paisagem diária é apenas uma postura natural, espontânea, que independe de qualquer decisão.

Para Simmel, porém, tal postura é fruto direto do modo de vida metropolitano, e nasce da necessidade de autopreservação do indivíduo diante do excesso de estímulos a que é constantemente exposto. De tal necessidade nasceria aquilo que o autor denomina "atitude *blasé*", um fenômeno psíquico que derivaria de duas fontes, uma fisiológica e outra advinda da economia do dinheiro.

Do ponto de vista fisiológico, a atitude *blasé* se explicaria por aquilo que Simmel chama de um "embotamento dos sentidos", ou seja, a "incapacidade de reagir a novas sensações com a energia apropriada" (Simmel, 1979:15). Seria então resultado do esgotamento do sistema nervoso, que se vê exausto diante da interminável sucessão de estímulos que o ambiente urbano lhe impõe. Em contraste com a vida no campo ou nas cidades pequenas, na metrópole haveria mais "gasto" de consciência no processo de apreensão do mundo ao redor, o que levaria a um predomínio do intelecto sobre as emoções, como forma de preservar a vida subjetiva.

Basta lembrar, por exemplo, que, no dia a dia das grandes cidades, é comum nos depararmos com assaltos, acidentes de trânsito e incêndios, entre tantas outras situações que sabemos ser ruins, quando não trágicas. No entanto, o impacto que situações como estas provocam no homem metropolitano é relativamente baixo, uma vez que raramente são apreendidas pelo viés da emoção.

A economia monetária, por sua vez, colabora com a atitude *blasé* ao impor o nivelamento de todas as coisas que circundam a vida social por meio do dinheiro. Assim, objetos e situações que em outro contexto seriam vetores de forte envolvimento emocional são engolidos pela lógica da impessoalidade. Nas palavras de Simmel (1979:13),

> O dinheiro, com toda sua ausência de cor e indiferença, torna-se o denominador comum de todos os valores; arranca irreparavelmente a essência das coisas, sua individualidade, seu valor específico e sua incomparabilidade. Todas as coisas flutuam com igual gravidade específica na corrente constantemente em movimento do dinheiro. Todas as coisas jazem no mesmo nível e diferem umas das outras apenas quanto ao tamanho da área que cobrem.

Num universo em que tudo pode ser comprado com o dinheiro, nenhum objeto ou situação parece merecedor de envolvimento subjetivo, cabendo tudo na lógica do cálculo e da racionalidade.

A reserva e a liberdade individual

Se a atitute *blasé* se define por uma condição interna ao indivíduo, agindo diretamente sobre a constituição da subjetividade do homem metropolitano, é importante lembrar que o mesmo processo que lhe dá forma resulta também num comportamento de natureza social de características similares. Trata-se daquilo que Simmel chama de "atitude de reserva", que se define por uma "atitude mental dos metropolitanos um para com o outro" (Simmel, 1979:7), marcada pelo estabelecimento de relações sociais pautadas por aparente indiferença.

Não é incomum que um morador de uma grande cidade desconheça o nome de seus vizinhos ou do porteiro com quem cruza diariamente ao entrar e sair de sua casa. No mesmo sentido, por vezes viajamos durante horas em transportes públicos, sentados ao lado de pessoas com as quais não trocamos sequer uma palavra. É a essa postura de antipatia latente com relação ao próximo, muitas vezes vista por moradores de cidades pequenas como sinal de frieza, que Simmel dá o nome de "reserva".

Segundo o autor, ainda que a reserva possa parecer o avesso da socialização, uma vez que é marcada por uma atitude de aparente indiferença, ela corresponde, na verdade, a uma das formas elementares de socialização urbana. Isso porque a reserva atuaria como uma proteção ao indivíduo, possibilitando que mantenha intacta sua liberdade pessoal, condição básica da vida nas grandes cidades. O outro lado do anonimato, por exemplo, é o aumento do sentimento de liberdade individual que o indivíduo pode ter, numa metrópole, em comparação, por exemplo, a uma pequena cidade do interior, onde seus atos estão quase sempre visíveis para seus contemporâneos. Não é por outro motivo que a ida para a metrópole muitas vezes correspondeu, historicamente, à mudança para uma vida de maior liberdade individual.

Para compreender o argumento, basta atentarmos para o fato de que em pequenos círculos sociais há uma prevalência do esforço por manutenção da coerência interna ao grupo, o que acaba por limitar o campo para desenvolvimento de qualidades individuais. Esse traço desindividualizante cede à medida que o grupo cresce e a unidade interna se afrouxa, dando aos indivíduos que o compõem mais liberdade de movimento. Simmel conclui então que as grandes metrópoles são como imensos grupos sociais, nos quais os indivíduos gozam de uma liberdade advinda justamente da fluidez de seus laços com seus semelhantes (expressa, muitas vezes, pela atitude de reserva).

Sede da mais alta divisão do trabalho, a metrópole se apresenta, assim, como templo do individualismo moderno, viabilizando, à medida de sua expansão, a possibilidade de especialização crescente e desenvolvimento das diferenças individuais (ao gosto do *individualismo qualitativo* anteriormente descrito). Isso não acontece, porém, sem prejuízos. Simmel alerta para o fato de que, paralelamente à busca pela especialização individual, acontece a multiplicação da cultura objetiva (materializada na proliferação de livros, edifícios, saberes etc.), num ritmo que, nas palavras do autor, "extravasa a vida pessoal":

> Por um lado, a vida se torna infinitamente fácil para a personalidade na medida em que os estímulos, interesses, empregos de tempo e consciência lhe são oferecidos de todos os lados. Eles conduzem a pessoa como se em uma corrente e mal é preciso nadar por si mesma. Por outro lado, entretanto, a vida é composta mais e mais desses conteúdos e oferecimentos que tendem a desalojar as genuínas colorações e as características de incomparabilidade pessoais. Isso resulta em que o indivíduo apele para o extremo no que se refere à exclusividade e particularização, para preservar sua essência mais pessoal. Ele tem de exagerar esse elemento pessoal para permanecer perceptível até para si próprio [Simmel, 1979:13].

O individualismo, cujo desenvolvimento é, como mostra Simmel, inseparável do contexto de surgimento das grandes cidades e do modo de vida metropolitano, revela-se assim em sua faceta mais paradoxal. Se, por um lado, surge como força positiva de transformação, vinculado às ideias de liberdade e igualdade, rompendo com a opressão e rigidez de sistemas tra-

Unidade III – Como a sociedade se mantém

dicionais de dominação e organização social, de outro aparece como vetor de desagregação social, rompendo com valores e redes de reciprocidade. Entre o indivíduo e a sociedade, entre o espírito subjetivo e o objetivo, a vida metropolitana surge em sua faceta mais complexa, desafiando qualquer tentativa de classificação.

Temas para discussão

❑ A respeito dos efeitos da modernidade sobre o trabalho e as relações humanas, assista ao filme *Metropolis*, de Fritz Lang (1926), de modo a discutir os seguintes pontos:

❑ a metrópole e suas proporções desumanas;
❑ as desigualdades sociais. O "Jardim dos Prazeres" e a cidade dos operários, abaixo da terra;
❑ o homem e a máquina: o trabalho mecânico como alienador. Cena de Moloch/máquina comendo escravos/trabalhadores;
❑ a "ditadura do relógio" e o controle do tempo. Cena do homem preso ao relógio;
❑ revolta *versus* solidariedade entre as classes sociais. Como se mantém a "solidariedade" social (Durkheim)?

SEÇÃO 21 — A administração "científica" do trabalho na modernidade[19]

Esta seção encerra a unidade 3 do curso propondo o exercício de relacionar algumas ideias do engenheiro americano Frederick Winslow Taylor (1856-1915), considerado o "pai da administração científica", com noções de divisão do trabalho, disciplina, controle do tempo e desenvolvimento do "espírito do capitalismo", discutido em seções anteriores. Propomos ainda uma reflexão sobre o filme *Tempos modernos* (1936), de Charles Chaplin,

---

[19] Texto de referência: trecho de Taylor (1990). Filme para discussão: *Tempos modernos*, de Charles Chaplin (1936).

tendo como referência os efeitos da modernidade sobre o trabalho humano.

O livro *Princípios de administração científica* (1911) consolida e sintetiza as ideias de Taylor, baseadas na reflexão sobre sua própria experiência, que o levou de operador de máquinas a engenheiro-chefe. Suas propostas, que ficaram conhecidas pelo rótulo de *taylorismo*, tiveram por muitas décadas enorme influência sobre o modo de organização do trabalho industrial.

Taylor procurou aplicar "métodos científicos" na administração de empresas, principalmente indústrias, com foco na eficácia e eficiência operacional. Opunha-se, assim, ao que chamava de "métodos empíricos". Para tanto, ele precisava não só desenvolver processos adequados aos fins que buscava como também a melhor maneira de lidar com os trabalhadores. Taylor preocupava-se, principalmente, com aquilo que chamava de "vadiagem sistemática", que levava os trabalhadores a produzir muito menos do que poderiam produzir.

> Trabalhar menos, isto é, trabalhar deliberadamente devagar, de modo a evitar a realização de toda a tarefa diária, fazer cera, *soldering,* como se diz neste país, *handing it out,* como se chama na Inglaterra, *can caen* como é designada na Escócia, é o que está generalizado nas indústrias e, principalmente, em grande escala, nas empresas de construção. Pode-se afirmar, sem medo de contestação, que isto constitui o maior perigo que aflige, atualmente, as classes trabalhadoras da Inglaterra e dos Estados Unidos [Taylor, 1990:27].

Taylor acreditava que, combatendo o hábito de *fazer cera* em todas as suas formas e conseguindo fazer com que os operários trabalhassem em cooperação com a gerência, seria possível, em média, dobrar a produção de cada homem e de cada máquina. Essa reforma das relações de produção poderia promover o aumento dos salários e a prosperidade geral, num otimismo que guarda grande afinidade com a visão de Adam Smith sobre a divisão do trabalho e seus efeitos benéficos sobre a riqueza geral (ver seção 19).

Mas em que consistia a "vadiagem no trabalho"? Taylor (1990:27) pergunta:

Por que, em face da própria evidência deste fato de que a máxima prosperidade só pode existir como resultado do esforço de cada operário para produzir todos os dias o mais possível, a grande maioria de nossos obreiros faz deliberadamente o contrário e, mesmo quando o homem tem a melhor das intenções, seu trabalho está, em muitos casos, longe de ser eficiente?

A resposta estaria em três causas: a) a visão errada, a seu ver, de que o maior rendimento do homem e da máquina teria como resultado o desemprego de grande número de operários — erro este que seria reforçado pela ação de sindicados e filantropos, "agitadores" e "sentimentalistas"; b) uma administração não sistemática que acabava forçando os empregados a *fazer cera* no trabalho, a fim de melhor proteger seus interesses; e c) métodos empíricos ineficientes adotados na grande maioria das empresas, que levariam o operário a "desperdiçar" grande parte de seu esforço.

Para além da "indolência natural", que faria com que todo homem procurasse realizar o menor esforço possível, Taylor acreditava no poder da "indolência sistemática", aquelas "ideias e raciocínios mais ou menos confusos, provenientes de intercomunicação humana" (Taylor, 1990:30).

Como podemos compreender sociologicamente o que Taylor chama de "hábito de *fazer cera*"? Lembremos, em primeiro lugar, da visão de Max Weber (seções 17 e 18) sobre o conflito entre o tradicionalismo econômico característico do cristianismo pré-Reforma e a nova ética protestante vocacionada para o trabalho e o lucro, que se desenvolveu associada a um novo "espírito" do capitalismo. Além disso, pensemos, a partir do texto de Edward Thompson (seção 15), sobre como concepções distintas de *tempo* e *trabalho* estão em jogo entre os trabalhadores criticados por Taylor e os princípios de administração que considera "científicos". Vale ressaltar que Taylor defende a necessidade de um "perfeito estudo de tempo e movimento, feito por pessoa competente" (Taylor, 1990:33), a respeito do trabalho dos operários, como base para a adoção de seus princípios.

Taylor não defende o objetivo de simplesmente se obrigar os trabalhadores a trabalhar mais para gerar mais lucro. Preocupava-se também em proporcionar salários mais altos aos trabalhadores e com o estabelecimento da "confiança mútua que deve existir entre chefes e subordinados, o entusiasmo, o sentimento de que todos estão trabalhando para o mesmo fim e divisão nos resultados" (Taylor, 1990:33). Lembremo-nos, com base na discussão de Durkheim (seção 14), de como a solidariedade orgânica, característica das sociedades com acentuada divisão do trabalho social, tem, como contrapartida, o risco de anomia.

O homem e a máquina

As ideias de Taylor tiveram grande sucesso e foram amplamente adotadas pelo empresário americano Henry Ford (1863-1947). Fundador, em 1903, da Ford Motor Company, em Detroit, ele revolucionou a forma de se produzir automóveis por meio do desenvolvimento de uma "linha de montagem" em esteiras rolantes que se movimentavam enquanto os operários ficavam parados, realizando uma única atividade. Essa inovação aumentou enormemente a produção.

No início de 1914, Ford também surpreendeu o mercado de trabalho norte-americano ao oferecer o pagamento de US$5 por dia a seus empregados, o dobro do que se costumava pagar. Com isso, conseguiu atrair mão de obra qualificada e diminuir os custos com treinamento e perdas devidos à rotatividade dos empregados. Ford criou, assim, o mercado de massa para os automóveis, tornando-o um bem de consumo tão mais barato, comparado ao que havia anteriormente, que muitos poderiam comprá-lo.

O princípio da racionalização da administração do trabalho proposto por Taylor e implementado com grande sucesso por Ford, todavia, sofreu grandes críticas. A principal era de que essa inovação acabou por transformar o homem em uma máquina, tratando os operários apenas como uma "engrenagem" do sistema produtivo. A realização de apenas uma tarefa também faria com que tivesse uma visão extremamente limitada de todo o processo produtivo.

A menção ao filme *Tempos modernos*, de Charles Chaplin, torna-se, aqui, obrigatória. Lançado 25 anos após a publicação do livro de Taylor e no auge do sucesso industrial de Ford, Chaplin produziu um filme cômico, mas que representava acima de tudo uma crítica profunda ao trabalho mecânico e repetitivo.

No filme, os operários são permanentemente vigiados — lembremonos aqui do modelo panóptico descrito por Foucault nas seções 11 e 12. O controle do patrão exerce-se, porém, não apenas sobre o *corpo*, mas também sobre o *tempo* do empregado. A "máquina alimentadora" que aparece no filme tem por objetivo justamente eliminar a hora do almoço e a consequente "perda" de tempo. Como resultado desse *excesso* de controle e de movimentos repetitivos e sem sentido para ele, o operário é levado para o hospital com uma "crise de nervos" e termina desempregado. O médico que o atende recomenda, numa frase que lembra a visão de Georg Simmel (seção 20), sobre o excesso de estímulos do mundo da metrópole: "Não se excite...".

Vemos, assim, que as propostas feitas por Taylor para otimização do tempo de produção não podem ser vistas como um conjunto isolado de ideias. Dialogam com as muitas transformações que tomaram curso ao longo do século XIX, e às quais diferentes cientistas sociais buscaram atribuir sentido. Já no século XX, o filme de Charles Chaplin deixa claro aquilo que vários autores trabalhados nas seções anteriores já anunciavam: na chegada da modernidade, nem tudo eram flores.

Temas para discussão

❑ Uma das principais bandeiras de luta dos trabalhadores, desde o século XIX, tem sido a redução da jornada de trabalho. Desde o final da II Guerra Mundial, férias remuneradas têm sido generalizadas como conquistas trabalhistas.

❑ De que forma essas medidas e visões contemporâneas sobre o "ócio criativo" e a importância do lazer para o aumento da produtividade e a redução do estresse contrastam com a visão de Taylor?

UNIDADE IV

Como a sociedade se transforma: o mundo da política

❑ Democracia e ditadura.
❑ A perspectiva revolucionária.
❑ A teoria das elites e a "lei de bronze das oligarquias".
❑ Democracia, igualdade e liberdade.

SEÇÃO 22 — Democracia: igualdade, liberdade e seus perigos[20]

O francês Alexis de Tocqueville (1805-1859) pertencia a uma família da pequena nobreza anterior à Revolução Francesa. Em sua carreira, exerceu intensa atividade como magistrado e depois como político. Em 1839 foi eleito deputado, a primeira de muitas eleições. Foi deputado na Assembleia Nacional em 1848 (mesmo ano do *Manifesto Comunista* de Marx e Engels), colaborando na redação da Constituição da Segunda República francesa. Durante cinco meses, em 1849, foi ministro das Relações Exteriores. Em 1851, retirou-se da vida política. Nos últimos anos de sua vida, escreveu dois importantes livros, que só viriam a ser publicados postumamente: *O Antigo Regime e a Revolução* (1856) e *Lembranças de 1848* (1893).

Tocqueville tornou-se famoso para a posteridade, todavia, principalmente devido à influência de seu livro *A democracia na América*, cuja primeira parte foi publicada em 1835 (a segunda, em 1840). O livro foi fruto de uma viagem de trabalho realizada aos Estados Unidos entre maio de 1831 e fevereiro de 1832, para estudar o sistema penitenciário americano. Na volta, ele escreveu o livro como uma reflexão sobre aquela sociedade, porém sempre comparando-a com a sociedade ainda profundamente aristocrática de sua França.

Vale lembrar que, por ocasião de sua chegada aos Estados Unidos, aquele país existia há pouco mais de meio século — sua independência da Inglaterra fora conquistada em 1776. Tratava-se, em boa medida, de um mundo político novo, ainda pouco conhecido para os europeus.

Democracia e igualitarismo

A questão central que atravessa todo o livro é: como impedir que o *igualitarismo* (que Tocqueville considerava uma característica fundamental da civilização americana) ameace a *liberdade individual*? Em outras palavras, como impedir que se instaure, no seio de uma sociedade democrática, e

---

[20] Texto de referência: trechos selecionados de Tocqueville (1979).

por causa de suas próprias tendências intrínsecas, a *tirania da maioria*? Ao examinarmos sua argumentação, devemos ter sempre em mente que, descendente de uma família aristocrática, ele oscilava entre a admiração e a crítica à sociedade americana que conheceu.

Tocqueville afirma que os homens alimentam uma "paixão insaciável, ardente, eterna, invencível" pela igualdade, e que a sociedade evolui necessariamente no sentido do igualitarismo. Ele viu na civilização americana uma forte tendência para a uniformização e uma dificuldade muito grande no sentido de tolerar pessoas ou grupos que quisessem pensar ou viver de forma diferente. A tendência democrática ao igualitarismo, portanto, ameaçaria a liberdade individual.

Neste momento, é importante precisarmos o que Tocqueville entendia por *democracia*. Estava se referindo, em seu livro, mais a certo *tipo de sociedade* do que a certo *tipo de poder*. Democracia está, para ele, associada a igualitarismo e igualdade social, sem respeitar diferenças hereditárias de ordens ou classes. Numa sociedade democrática, todas as ocupações e honrarias estariam, em princípio, abertas a todos e submetidas ao princípio do mérito — mesmo que esse ideal não se realizasse plenamente no mundo real.

Um exemplo interessante, ao tratar dos instintos e das inclinações naturais da democracia, é o exame que Tocqueville faz daquilo que considera a deficiência do voto universal (diferente do voto censitário, restrito a quem tinha renda acima de determinado valor). Como seria "impossível alçar as luzes do povo acima de certo nível", o mérito acabaria se tornando raro entre os governantes. Ou seja, ele acha que faz parte do "instinto natural da democracia" o povo afastar do poder os "homens notáveis"; estes, por sua vez, se afastariam da carreira política, "em que lhes é tão difícil ser autênticos, e avançar sem se tornarem vis" (Tocqueville, 1979:229-230). Isso levaria a uma tendência à uniformidade dos modos e dos níveis de vida. O povo só escolheria homens notáveis em situações de grande perigo, de ameaças ao Estado.

Aristocracia x democracia

Como já dissemos, embora o título do livro refira-se à democracia, Tocqueville sempre faz a comparação (e o contraste) com a aristocracia. Um exemplo claro desse exercício encontra-se em sua visão sobre a tendência à corrupção. Para ele, nas aristocracias, quem chega ao poder já é rico, e só deseja o poder; nas democracias, quem chega ao poder é pobre, e ainda falta enriquecer. Ou seja, as aristocracias seriam menos acessíveis à corrupção.

Por outro lado, a democracia seria mais apropriada a dirigir uma sociedade pacífica, pois a longa exposição aos perigos não lhe seria propícia. Nas democracias os homens se acomodariam mais ao presente, às necessidades do momento, tornando-se mais difícil dirigir suas paixões em direção ao futuro. Assim, com o desenvolvimento da democracia, as revoluções se tornariam mais raras. O desenvolvimento do capitalismo, na visão de Tocqueville, levava ao surgimento de uma sociedade em que cada um possuía alguma coisa e onde quase todos estariam interessados na conservação da ordem social. É uma visão resignada (e pouco entusiástica) do emburguesamento generalizado — diferente da visão apocalíptica e revolucionária de seu contemporâneo Karl Marx.

Para Tocqueville, a diminuição das desigualdades levava ao aumento das *classes médias*, que têm "enorme apreço por seus bens". Desse modo, a maioria da população veria mais perdas que ganhos numa possível revolução. Presos ao *sentimento de propriedade* e aos pequenos negócios da sua vida cotidiana, os cidadãos de uma sociedade democrática teriam o cuidado de nunca ultrapassar os limites que levariam a uma ruptura revolucionária.

As virtudes da democracia

> Os vícios e as fraquezas do governo democrático são visíveis: pode-se demonstrá-los através de exemplos patentes, enquanto sua influência salutar se exerce de maneira insensível e, por assim dizer, oculta. Seus defeitos aparecem à primeira vista, mas suas qualidades só se põem a descoberto a longo prazo [Tocqueville, 1979:234].

Para Tocqueville, quais seriam essas vantagens reais da democracia americana? Acima de tudo, o privilégio de "poder cometer erros reparáveis" (Tocqueville, 1979:235). Se os governantes se mostram menos honestos

Unidade IV – Como a sociedade se transforma

ou capazes, os governados podem se mostrar mais esclarecidos e atentos. Além disso, como os dirigentes vêm do seio do povo, este pode impedir com mais facilidade que os governantes se afastem do interesse geral da sociedade. Já na aristocracia, predomina um "interesse de classe", que é frequentemente distinto do interesse da maioria:

> Há, portanto, nas instituições democráticas uma tendência obscura que faz com que os homens concorram para a prosperidade geral, apesar de seus vícios e erros, enquanto nas instituições aristocráticas descobre-se, às vezes, uma inclinação secreta que, apesar de talentos e virtudes, leva-os a contribuir para a miséria de seus semelhantes (Tocqueville, 1979:236).

Nesse sentido, nas democracias, *vícios privados podem levar a virtudes públicas.*

Outro ponto alto da democracia, e que encanta Tocqueville, é a *intensa atividade política*, o *espírito de participação pública* que a anima:

> Recém-chegado ao solo americano, encontramo-nos, já, no meio de um tumulto; um confuso clamor eleva-se de todas as partes; mil vozes chegam, ao mesmo tempo, aos ouvidos; cada uma delas exprime uma necessidade social. Em torno da gente, tudo se move: aqui o povo de um bairro está se reunindo para saber se se deve construir uma igreja; ali trabalha-se na escolha de um deputado; mais longe, os deputados provinciais dirigem-se rapidamente à cidade a fim de deliberar sobre melhorias locais; em outro lugar, são cultivadores de um povoado, que abandonam os arados para irem discutir sobre um plano de estrada ou escola [Tocqueville, 1979:236-237].

Embora um déspota possa ser mais esclarecido que um governante escolhido pelo povo,

> a longo prazo, a democracia produz mais que o despotismo, faz menos bem cada coisa, porém mais coisas. O que é grandioso nesse regime não é o que a administração pública executa, é o que se faz sem ela, fora dela. A democracia não dá ao povo o governo mais hábil, mas cria o que o governo mais hábil nem

sempre pode criar; difunde em todo o corpo social uma atividade inquieta, uma força superabundante, uma energia, que não existem sem ela, e que, por pouco que lhes sejam favoráveis as circunstâncias, podem fazer maravilhas. Essas são as suas vantagens [Tocqueville, 1979:238].

Riscos da democracia

A democracia, com seu "império moral da maioria", teria como fundamento a ideia de que os interesses do maior número devem ser preferidos aos da minoria. Isso seria também um perigo, por dar à maioria um imenso poder de opinião e de fato, ao qual é difícil resistir e que pode *oprimir as minorias*. Tocqueville chama a atenção para a existência de uma lei mais geral e universal: a da justiça e da razão, que transcenderia a vontade da maioria:

> Quando me recuso a obedecer a uma lei injusta, não nego à maioria o direito de dirigir; apelo à soberania do gênero humano contra a soberania do povo [Tocqueville, 1979:239].

Sem a existência de um poder superior, acredita Tocqueville, todos correriam o risco de se tornarem escravos:

> Creio que é sempre necessário colocar-se em algum lugar um poder social superior a todos os outros, mas vejo a liberdade em perigo quando esse poder não encontra diante de si nenhum obstáculo que possa reter-lhe a marcha e dar-lhe o tempo de se moderar. A onipotência parece-me perigosa e má em si mesma. [...] Quando, portanto, vejo dar o direito a faculdade de fazer tudo a uma potência qualquer, quer se chame povo ou rei, democracia ou aristocracia, quer se exerça numa monarquia, quer numa república, então digo: aí está o germe da tirania, e procuro ir viver sob outras leis. O que mais condeno nos governos democráticos, como o que está organizado nos Estados Unidos, não é, como muitos o pretendem na Europa, sua fraqueza, mas, ao contrário, sua força irresistível. O que mais me repugna na América não é a extrema liberdade reinante; é o pouco de garantia aí encontrado contra a tirania [Tocqueville, 1979:240].

Tocqueville comunga da visão, comum a muitos políticos e pensadores conservadores de sua época, de que a democracia poderia levar à "anarquia", em função do "amor pela independência" que a igualdade de condições produz. No entanto, para ele, o mal maior que a democracia pode causar não é esse, e sim o fato de *impelir os homens à servidão*. Este caminho (e este perigo) não seria tão evidente quanto aqueles que levam à anarquia; por isso mesmo, mais difícil de ser percebido e de se resistir a ele. Desse modo, embora Tocqueville (1979:307) admirasse a "inclinação instintiva pela independência política" ("é sob esse ponto de vista que me apego à democracia"), temia a servidão a que a democracia poderia levar.

A *inexistência de poderes intermediários*, numa sociedade democrática, também apresentaria sérios riscos. Enquanto nos estados aristocráticos era natural a ideia da existência de poderes secundários, situados entre o soberano e os súditos, no sistema democrático prevalece a ideia de um poder único e central, uniforme e forte, providencial e criador. Com a democracia, cada vez mais "os indivíduos parecem menores e a sociedade maior" (Tocqueville, 1979:308), e os cidadãos não imaginam limites à atuação do poder constituído:

> a noção de poder intermediário se obscurece e se apaga. A ideia de um direito inerente a certos indivíduos desaparece rapidamente do espírito dos homens [Tocqueville, 1979:308].

Ou seja, "nada mais se vê senão o Estado" (Tocqueville, 1979:309), que passa a ser o único representante dos problemas coletivos. Os indivíduos passam, com isso, a se restringir cada vez mais à esfera privada. Essa tendência leva a uma "concentração de todos os direitos políticos nas mãos do representante do Estado" (Tocqueville, 1979:309). Desse modo, uma sociedade democrática pode, segundo o autor, favorecer o estabelecimento de um *despotismo*. Trata-se, no entanto, de um tipo de despotismo novo, diferente de tudo o que existiu na Antiguidade.

Como defender a liberdade ameaçada por essas tendências democráticas? Para Tocqueville, é preciso, como nas aristocracias, *dividir o poder social*, criando instâncias intermediárias e nunca o deixando pesar com toda a sua força sobre cada homem. Isso garantiria a independência dos homens. A sociedade deveria ter corpos secundários, como as assembleias provinciais. Podemos imaginar como o federalismo, o municipalismo e a existência de burocracias estáveis também agiriam nesse sentido.

Finalmente, Tocqueville destaca dois aspectos de enorme importância numa sociedade democrática, e de extrema atualidade: a *liberdade de imprensa* e a manutenção, a todo custo, da noção de *direitos individuais*:

> Nas aristocracias, cada homem é sempre ligado a vários de seus concidadãos, de maneira que não se pode atacar a este sem que os outros corram em sua ajuda. Nas épocas igualitárias, cada indivíduo encontra-se naturalmente isolado; pode-se facilmente colocá-lo de lado e pisoteá-lo impunemente [Tocqueville, 1979:313].

SEÇÃO 23 — A ideologia como instrumento de dominação de classe[21]

Teoria social e vida material

Nas sessões anteriores refletimos sobre diferentes aspectos do capitalismo: sua importância no desenvolvimento do individualismo, a forma como alterou as relações de trabalho, sua influência sobre a formação de uma cultura pautada no cálculo racional. Agora veremos como Marx e Engels articularam uma análise crítica sobre o sistema capitalista com o intuito de propor, através da teoria social, estratégias de ação transformadora sobre a sociedade em que viviam.

Escrito em 1846, *A ideologia alemã* é considerada uma das mais importantes obras de Marx e Engels. Apesar de publicado somente após a morte de Marx (a primeira edição é de 1932), o escrito é um valioso registro da guinada dos autores rumo a uma perspectiva transformadora da sociedade, ou de sua passagem do *idealismo* ao *materialismo*, como será exposto mais adiante.

---

[21] Texto de referência: Marx e Engels (1982).

UNIDADE IV – COMO A SOCIEDADE SE TRANSFORMA

O texto se articula como um ataque aos "jovens hegelianos", um grupo de estudantes e jovens professores da Universidade Humboldt de Berlim que partiam da filosofia de Hegel para refletir, de forma crítica, sobre os rumos da sociedade prussiana. O grupo se opunha, sobretudo, à influência de doutrinas religiosas sobre o Estado, vendo na religião a forma suprema de alienação do ser humano e, portanto, um mal a ser combatido. Ainda que Marx compartilhasse das críticas dos jovens hegelianos à religião (que ele próprio, mais tarde, descreveria como "o ópio do povo"), ele e Engels deixam muito claro seu desarcordo com o grupo de filósofos, baseando seus argumentos em duas frentes: a distância entre seus escritos e a realidade social, e o foco na religião como cerne do processo de alienação.

O ponto de partida da crítica feita por Marx e Engels aos jovens hegelianos era o fato de que o grupo de filósofos via no *espírito humano*, e não na *ação humana*, o sujeito da história. Segundo os autores de *A ideologia alemã*, tal postura levava os jovens hegelianos a combater apenas "as frases deste mundo", abstendo-se de qualquer contato com o mundo social. O que faltava a esses filósofos era, assim, "perguntar pela interconexão da filosofia alemã com a *realidade efetiva* alemã, pela interconexão da crítica deles com a própria *circunstância material* deles" (Marx e Engels, 1982:186).

Mais do que uma crítica a um grupo específico de pensadores, Marx e Engels articulavam ali uma nova proposta de teoria social, que tinha na compreensão dos indivíduos *efetivos* em suas *ações concretas* seu objeto de análise. Em uma das passagens mais conhecidas do texto, os autores afirmam que "não é a consciência que determina a vida, é a vida que determina a consciência" (Marx e Engels, 1982:23). Ao inverterem a lógica do pensamento filosófico, defendiam que as ideias não determinam a realidade social, e sim o contrário.

Esses pressupostos tinham, segundo os autores, qualidades inquestionáveis ante os postulados filosóficos:

São pressupostos reais de que não se pode fazer abstração a não ser na imaginação. São os indivíduos reais, sua ação e suas condições materiais de vida, tanto aquelas por eles já encontradas, como as produzidas por sua própria ação.

Estes pressupostos são, pois, verificáveis por via puramente empírica [Marx e Engels, 1982:26-27].

Mas como conduzir tal verificação? Entre os tantos aspectos da vida social, qual o enfoque adequado a uma análise pautada naqueles pressupostos? A resposta a estas perguntas aparece na insistência com que Marx e Engels remetem àquilo que chamam de as "condições materiais de vida", argumentando que ali estaria a chave para uma análise verdadeiramente transformadora da realidade:

> Somos forçados a começar constatando que o primeiro pressuposto de toda a existência humana e, portanto, de toda a história, é que os homens devem estar em condições de viver para poder "fazer história". Mas, para viver, é preciso antes de tudo comer, beber, ter habitação, vestir-se e algumas coisas mais. O primeiro ato histórico é, portanto, a produção dos meios que permitam a satisfação destas necessidades, a produção da própria vida material, e de fato este é um ato histórico, uma condição fundamental de toda a história, que ainda hoje, como há milhares de anos, deve ser cumprido todos os dias e todas as horas, simplesmente para manter os homens vivos [Marx e Engels, 1982:21].

Marx e Engels explicitam assim a centralidade da *vida material* em sua análise, enfatizando a relevância das ações mais básicas, mais cotidianas, à compreensão da realidade social. Mas os autores deixam claro também que a vida material não tem importância por si só, e sim como resultado da *produção* que, em todo e qualquer tempo, marca a experiência humana na busca por satisfazer suas necessidades. Afinal, o homem deve produzir sua comida, sua moradia e suas roupas, além das ferramentas adequadas à produção de cada um deles. A realidade social seria, deste modo, marcada por um processo produtivo ininterrupto, através do qual os homens produziriam não apenas os elementos de sua *vida material* como também as *relações sociais* que a constituem.

Voltando sua análise para o contexto do mundo capitalista, no qual os *meios de produção* (terras, indústrias etc.) são controlados por uma classe determinada (a burguesia), Marx e Engels concluem que, diferentemente do que defendiam os jovens hegelianos, não era a religião, mas sim a *posse do capital* que constituía a base do poder estabelecido. A religião seria, nesse sentido, apenas uma cortina de fumaça que obscurecia a verdadeira base do poder estabelecido. Atuaria ainda como um amparo vital aos trabalhadores que, desprovidos da posse dos meios de produção, encontravam na religião um dos poucos elementos de conforto em meio à opressão.

Com esses argumentos, Marx e Engels davam forma ao que, mais tarde, ficaria conhecido como *materialismo histórico*: uma perspectiva teórico-metodológica que vê na vida material (ou, mais precisamente, nos *modos de produção*), o eixo da análise social. Com foco na transformação das sociedades ao longo do tempo, essa abordagem parte da ideia de que o *motor da história* seriam os sucessivos confrontos entre as diferentes classes sociais, uma vez que o processo produtivo teria se dado sempre através da "exploração do homem pelo homem".

Percebemos assim que, para Marx e Engels, o mundo das ideias (que constitui o mundo da política, da cultura, das instituições etc.) se erigiria como uma decorrência das relações de produção que organizam a vida material na sua dimensão mais concreta. Isso não significa, entretanto, que os autores tenham deixado de lado a tarefa de refletir sobre o campo das ideias, pelo contrário. Como veremos a seguir, esse é um dos pontos centrais da elaboração de seu argumento, dando corpo ao princípio transformador que permeia toda *A ideologia alemã*.

Ideologia

"Ideologia" é uma palavra corrente em nossos cotidianos. Usada no contexto do senso comum, aparece como descrição de um conjunto de ideias, valores ou crenças que orientam a percepção e o comportamento dos indivíduos sobre temas como política, economia, condições sociais etc. Mas, para além desse uso corrente, "ideologia" carrega em si uma forte carga conceitual, o que faz com que seu emprego nas Ciências Sociais seja sempre cercado de referências.

O termo surgiu no início do século XIX, quando o pensador francês Antoine Destutt de Tracy o usou para designar "o estudo científico das ideias" no livro *Elementos de ideologia* (1801). O autor propunha o uso de métodos das ciências naturais (como a Física e a Biologia) para compreender o processo de formação das ideias (como razão, vontade e moral, entre outras) a partir da observação do indivíduo em interação com o ambiente que o cercava. Contudo, não tardou para que o termo ganhasse novos significados. Émile Durkheim, por exemplo, para quem o objeto da Sociologia eram os *fatos sociais* (como vimos na seção 14), via na ideologia um aspecto irrelevante, "pré-científico" e, portanto, impróprio ao estudo da realidade social.

Como fica claro desde o título, o conceito de ideologia é central em *A ideologia alemã*. Ali os autores desenvolvem uma definição própria do termo, que acabaria por se tornar um elemento central em suas obras futuras.

Retomando o argumento de que a produção das ideias não pode ser analisada separadamente das condições materiais em que ocorre, Marx e Engels veem na ideologia o resultado direto das relações de dominação entre as classes sociais de determinado contexto. Desenvolvendo tal pressuposto, os autores definem a ideologia como um conjunto de proposições elaborado pela classe dominante com a finalidade de fazer com que seus interesses pareçam ser o interesse coletivo. A ideologia seria, assim, um instrumento de dominação a serviço da classe detentora dos meios de produção. Transposto para o capitalismo do século XIX, a ideologia se definia, portanto, como uma ferramenta da manutenção da ordem burguesa, calcada no princípio da opressão da classe proletária. A ideologia seria, na visão de Marx e Engels, uma "representação invertida" da realidade, como uma "câmera escura", um experimento precursor da fotografia que projetava as imagens externas de forma invertida no interior da câmera.

Uma das mostras mais contundentes de tal mecanismo era, de acordo com os autores, o princípio da propriedade privada. Base do sistema capitalista, a propriedade privada, bem como as diferenças entre proprietários e não proprietários, aparece nas representações dos indivíduos como algo que sempre existiu e que faz parte da "ordem natural" das coisas. Marx e Engels procuram mostrar, contudo, que essas representações servem apenas aos interesses da burguesia, classe que efetivamente tinha acesso à propriedade privada, controlando por meio desta os meios de produção. No entanto, por meio da ideologia, a burguesia acaba por impor o princípio da propriedade privada como algo que serve ao interesse de toda a sociedade, e não apenas à sua classe, perpetuando-se assim como grupo dominante.

Ao fazer com que o proletariado *acredite* que a propriedade privada é algo natural e que deve, portanto, ser seu objetivo maior, a burguesia acaba por garantir que os trabalhadores permaneçam sob seu domínio, sem questionar a opressão a que são submetidos. É nesse sentido que os autores definem a ideologia como uma "falsa consciência": uma crença *mistificante* socialmente determinada que se presta a estabilizar a ordem social vigente em benefício das classes dominantes.

Por essa perspectiva, a superação da ideologia seria a única forma de transformar a ordem estabelecida, uma vez que é sobre ela que se sustenta o poder da classe dominante. E o único caminho para o rompimento do proletariado com ideologia burguesa seria, ainda de acordo com os autores, a tomada de *consciência de classe*, ou seja, a percepção de que os interesses da classe dominante são contrários aos seus próprios interesses.

"Até hoje os filósofos interpretaram o mundo; cabe a nós transformá-lo", afirmou Marx em um pequeno escrito chamado "Teses sobre Feuerbach". Com base neste princípio publicaram, em 1848, o *Manifesto do Partido Comunista*, buscando justamente agir sobre o mundo social por meio da convocação dos trabalhadores à tomada de consciência sobre sua condição de classe.

SEÇÃO 24 — O Manifesto do Partido Comunista: o materialismo histórico e a luta política[22]

A história de um manifesto

Na seção passada vimos de que modo Marx e Engels articulam um modelo de teoria social que tem como princípio norteador a transformação da realidade. Tal princípio era, por certo, profundamente enraizado no contexto

---

[22] Texto de referência: Marx e Engels (2006).

vivido pelos autores. Assistindo à consolidação do sistema capitalista e à formação da classe operária, Marx e Engels tomaram para si o desafio de pensar sobre uma questão que se fazia cada vez mais presente no cotidiano da modernidade: a desigualdade. Para isso, se dispuseram a enfrentar as bases da ideologia liberal, sobre as quais se construíra boa parte dos fundamentos que sustentavam o desenvolvimento e a difusão do modo de produção capitalista.

A consolidação da ideologia liberal ao longo do século XIX teve como contraponto o desenvolvimento de outra ideologia, que, igualmente fruto do racionalismo iluminista, vinha a oferecer respostas completamente diversas para os desafios apresentados pelo processo de desenvolvimento capitalista: o socialismo, entendido de maneira ampla como a junção de correntes e concepções políticas diversas que tinham em comum a proposta de enfrentar a desigualdade. Estas correntes se baseavam, de início, na lógica comunitarista que marcava as proposições de autores como Saint Simon, Fourier e Robert Owen, cujas propostas carregavam um idealismo que levou críticos da posteridade a defini-los como *socialistas utópicos*. Na trilha desses primeiros ideólogos, outros autores passariam a questionar os pressupostos do capitalismo, se propondo a combater abertamente as bases de sua estruturação, como fez, por exemplo, o filósofo J. P. Proudhon no livro *O que é a propriedade?*, de 1840. Nesse quadro já consolidado de crítica à lógica liberal foi lançado, em 1848, o *Manifesto do Partido Comunista*, um dos mais importantes textos políticos escritos no século XIX.

Não era a primeira vez que Marx expunha sua crítica à ordem liberal vigente. Em 1845, aos 27 anos, já havia publicado, em colaboração com Engels — que acabara de lançar a *Situação da classe trabalhadora na Inglaterra* —, o livro *A sagrada família*, no qual contestava o idealismo próprio a certos círculos de pensamento então dominantes na Alemanha. O *Manifesto* era, assim, o momento maior da exposição de uma concepção de sociedade que Marx e Engels vinham desenvolvendo ao longo daquela década.

Não é difícil entender o maior alcance deste trabalho em relação às obras anteriores de Marx. Como sugere seu título, não se trata de uma obra teórica, e sim de um panfleto político. Por mais que o termo "partido" não se referisse a nenhuma organização estruturada, como sugere o sentido

UNIDADE IV – COMO A SOCIEDADE SE TRANSFORMA

moderno da palavra, o texto foi escrito por encomenda da Liga dos Comunistas — uma organização de artesãos fundada em Paris na década de
1830, e que de início se chamava Liga dos Justos. Ao participar de um dos
congressos da associação, Marx e Engels trataram de convencer seus membros da necessidade de deixar de lado o socialismo utópico. Conseguiram,
com isso, convencê-los a adotar a nova denominação, de modo a assumir
no programa da Liga as teses que vinham desenvolvendo.

Dispostos a aproximar a teoria da prática, Marx e Engels fizeram daquela oportunidade um meio de difundir a compreensão da sociedade que
vinham amadurecendo em trabalhos anteriores.

A concepção dialética da História

Por mais que o *Manifesto* não apresentasse a profundidade que viriam assumir alguns dos trabalhos posteriores de Marx — como *O capital*, que co-
meçaria a publicar em 1867 —, as bases da compreensão da sociedade que
ele desenvolveria posteriormente já se encontravam expostas neste escrito,
assim como uma concepção de ação política voltada para o enfrentamento
de uma realidade marcada pela desigualdade. Trata-se, portanto, de um texto que expõe o pensamento de Marx durante seu processo de elaboração, no
momento em que suas ideias passavam a se difundir mais largamente.

O ponto de partida do texto (que se anuncia desde o título) é a concepção de *comunismo* desenvolvida pelos autores. É a partir dela que Marx
e Engels se situam no debate político de seu tempo, buscando marcar sua
diferença com relação às demais tendências da crítica ao pensamento liberal (se afastando, assim, das diversas correntes do "socialismo utópico"). A
explicação para a escolha do termo "comunismo" nos é dada pelo próprio
Engels, em prefácio escrito à edição de 1888 do *Manifesto*:

> sob este vocábulo, socialista, agrupavam-se, em 1847, por um lado os adep-
> tos dos diferentes sistemas utópicos: owenistas ingleses, fourieristas franceses
> [...] e, por outro lado, os diversos charlatães do socialismo, que falavam em
> suprimir as desigualdades sociais de qualquer natureza, com toda espécie de
> compilações inofensivas ao capital e ao lucro [Marx e Engels, 2006:70].

Para Engels, era em oposição a tais vertentes do socialismo que "a parcela dos operários que estava convicta da insuficiência das simples agitações políticas e que reclamava uma transformação fundamental da sociedade, chamava-se de *comunistas*" (Marx e Engels, 2006:71). A diferença entre os comunistas e os outros socialistas teria, assim, um claro cunho social: enquanto o socialismo seria, em suas palavras, um "movimento de classe média", com "ar de salão", o comunismo seria verdadeiramente "um movimento operário", surgido da aproximação entre intelectuais e trabalhadores. Por acreditarem que "a emancipação dos trabalhadores devia ser obra dos próprios trabalhadores", Marx e Engels tratavam de distinguir sua teoria daquelas de seus predecessores.

Para compreender o sentido daquelas palavras é preciso atentar para o fato de que os anos que antecederam a publicação do *Manifesto* foram marcados pela transformação dos trabalhadores em um problema social de larga escala. Fruto direto do desenvolvimento industrial, a classe operária crescia a olhos vistos, apresentando demandas que ameaçavam de forma clara os poderes constituídos. Não por acaso, em janeiro de 1848, Alexis de Tocqueville dizia em discurso pronunciado no Parlamento francês: "Tal é, senhores, minha convicção profunda: creio que dormimos no momento em que estamos sobre um vulcão".

O *Manifesto* só pode ser entendido, portanto, como fruto de um momento marcado por fortes tensões sociais, no qual as ideologias que apresentavam alternativas ao capitalismo passavam a ter um papel importante. Já no prólogo do texto, Marx e Engels (2006:83) deixam claro ter ciência do momento no qual escreviam:

> Um espectro ronda a Europa — o espectro do comunismo. Todas as potências da velha Europa unem-se numa Santa Aliança para conjurá-lo: o papa e o Tzar, Metternich e Guizot, os radicais da França e os policiais da Alemanha. Que partido de oposição não foi acusado de comunista por seus adversários no poder? Que partido de oposição, por sua vez, não lançou a seus adversários de direita ou de esquerda a pecha infamante de comunista?

Colocando-se como parte de um movimento mais amplo, capaz de assombrar tanto ideólogos liberais quanto estadistas conservadores, o comu-

UNIDADE IV – COMO A SOCIEDADE SE TRANSFORMA

nismo aparece no trecho como uma vaga ameaça colocada sobre a ordem constituída, longe de ser uma ideologia com contornos definidos. Frente a tal situação, Marx e Engels tratam de fazer do *Manifesto* um meio de delinear mais claramente sua especificidade. "É tempo de os comunistas exporem, à face do mundo inteiro, seu modo de ver, seus fins e suas tendências, opondo um manifesto do próprio partido à lenda do espectro do comunismo" (Marx e Engels, 2006:82), explicavam os autores no início do texto — reconhecendo nisso o objetivo de seu escrito.

Mas o *Manifesto* se propunha ir muito além de uma definição instrumental do comunismo ou de uma simples crítica à sociedade liberal. Tratava-se de afirmar, ali, uma doutrina coerente e articulada de ação política, baseada em certa concepção de História. "A História de todas as sociedades, até os nossos dias, tem sido a história das lutas de classes" (Marx e Engels, 2006:83), definem logo na frase que abre o primeiro capítulo da obra, mostrando ver nas tensões entre grupos sociais antagônicos o próprio motor das transformações sociais. Não é de se estranhar, portanto, que os autores tomassem a polarização entre burguesia e proletariado como cerne de sua análise, apresentando uma reflexão sobre o processo de formação e consolidação daquela oposição.

Marx e Engels começam por lembrar que a burguesia teve, no passado, um importante papel revolucionário. Fruto de uma série de revoluções nos modos de produção e troca, aquela classe teria surgido no interior das sociedades feudais, cuja estrutura ela acabou por desmontar. Deixando para trás as antigas formas de organização social, os burgueses, novos proprietários dos meios de produção, passaram de classe dominada a classe dominante. A industrialização teria consolidado aquele processo, dando forma a uma sociedade na qual a exploração, antes mascarada, passava a ser franca, aberta e despudorada. Nas palavras dos autores (2006:92),

> Essa revolução contínua da produção, esse abalo constante de todo o sistema social, essa agitação permanente e essa falta de segurança distinguem a época burguesa de todas as precedentes. Dissolvem-se todas as relações sociais antigas e cristalizadas, com seu cortejo de concepções e de ideias secularmente veneradas; as relações que as substituem tornam-se antiquadas antes de se os-

sificarem. Tudo o que era sólido e estável se esfuma, tudo o que era sagrado é profanado, e os homens são obrigados finalmente a encarar com serenidade suas condições de existência e suas relações recíprocas.

Como resultado desses processos históricos, a burguesia, após apenas 100 anos de domínio de classe, criou "forças produtivas mais numerosas e mais colossais que todas as gerações passadas em conjunto" (Marx e Engels, 2006:85). Marca de sua força, isso seria também, segundo os autores, a causa de sua derrota. Afinal, do mesmo modo que as forças produtivas medievais foram destruídas, o mesmo aconteceria com a moderna sociedade burguesa. De acordo com Marx e Engels, a crescente contradição entre o desenvolvimento das forças produtivas e a propriedade privada dos meios de produção acabava por vulnerabilizar a burguesia, que passava a se assemelhar a um "feiticeiro que já não pode controlar as potências infernais que pôs em movimento com suas palavras mágicas" (Marx e Engels, 2006:86). As mesmas armas de que a burguesia se valeu para destruir o feudalismo voltavam-se agora contra ela: "A burguesia, porém, não forjou somente as armas que lhe darão morte; produziu também os homens que manejarão essas armas — os operários modernos, os proletários" (Marx e Engels, 2006:94).

Apresenta-se, desta forma, uma das ideias centrais do *Manifesto*: a de que o proletariado deveria assumir seu lugar de sujeito privilegiado daquele momento histórico. Definindo-o como a única classe verdadeiramente revolucionária, Marx e Engels (2006:95) argumentam:

> Nas condições de existência do proletariado já estão destruídas as da velha sociedade. O proletário não tem propriedade; suas relações com a mulher e os filhos nada têm de comum com as relações familiares burguesas. O trabalho industrial moderno, a sujeição do operário pelo capital, tanto na Inglaterra quanto na França, na América como na Alemanha, despoja o proletário de todo caráter nacional. As leis, a moral, a religião são para ele meros preconceitos burgueses, atrás dos quais se ocultam outros tantos interesses burgueses.

Fica clara, no trecho, a alusão ao conceito de *ideologia* desenvolvido pelos autores, trabalhado na seção anterior. Ao afirmar que o proletariado

UNIDADE IV – COMO A SOCIEDADE SE TRANSFORMA

está alijado da propriedade, da família, do sentimento nacional e da religião, Marx e Engels buscam despertar entre os trabalhadores a *consciência de classe*, mostrando que aqueles interesses, ainda que aparentemente próximos de sua realidade, não passam de instrumentos de perpetuação do domínio burguês.

Em suma, seria tarefa dos próprios trabalhadores, cuja força de trabalho era a base do desenvolvimento da sociedade liberal, enfrentar a dominação à qual estavam submetidos. Para isso, precisavam tomar consciência de sua condição comum de exploração — em tarefa para a qual seriam ajudados por ideólogos como eles, aos quais caberia dinamizar esse processo através da conscientização dos trabalhadores.

Um programa de ação política

A partir de tal diagnóstico sobre o desenvolvimento da história mundial, Marx e Engels propõem aos comunistas um claro programa de ação política, apresentado em seu segundo capítulo: "constituição dos proletários em classe, derrubada da supremacia burguesa, conquista do poder político pelo proletariado" (Marx e Engels, 2006:97). Como o texto deixa claro desde o início, o modelo de ação é a organização revolucionária — com o enfrentamento de classe como meio de mudar sua condição social. Além de fomentar uma identidade entre os trabalhadores, o *Manifesto* lhes dava um objetivo comum: a derrubada da burguesia, caracterizada como sua classe opressora.

Porém, não só pela luta política se daria a transformação desejada pelos comunistas. Para atingir seus objetivos, caberia aos comunistas uma tarefa mais precisa — a destruição da propriedade privada:

> O que caracteriza o comunismo não é a abolição da propriedade geral, mas a abolição da propriedade burguesa. Ora, a propriedade privada atual, a propriedade burguesa, é a última e mais perfeita expressão do modo de produção e de apropriação baseado nos antagonismos de classe, na exploração de uns pelos outros. Neste sentido os comunistas podem resumir sua teoria nesta fórmula única: abolição da propriedade privada [Marx e Engels, 2006:98-99].

O trecho deixa claro como, para os autores, a propriedade era o princípio sobre o qual se estruturava a própria desigualdade, já que era ela que definia a radical separação entre burguesia e proletariado. O fim da propriedade privada seria, assim, um meio de superação das bases que definiam o domínio da burguesia e, portanto, o primeiro passo do processo de afirmação de um novo modelo de sociedade:

> Se o proletariado, em sua luta contra a burguesia, se constitui forçosamente em classe, se se converte por uma revolução em classe dominante e, como classe dominante, destrói violentamente as antigas relações de produção, destrói juntamente com essas relações de produção, as condições dos antagonismos entre as classes e as classes em geral e, com isso, sua própria dominação como classe [Marx e Engels, 2006:97].

No trecho acima, os autores começam a marcar a transformação do proletariado de classe dominada em classe dominante. Não se limitam, porém, a inverter o sinal da dominação: como classe composta pela maioria, ao alcançar o poder o proletariado destruiria a própria relação de dominação de classe. Não se tratava mais de uma classe subjugando outra, mas da maioria agindo no interesse da maioria: "Em lugar da antiga sociedade burguesa, com suas classes e antagonismos de classes, surge uma associação onde o livre desenvolvimento de cada um é a condição do livre desenvolvimento de todos" (Marx e Engels, 2006:99), explicavam os autores do *Manifesto*.

Longe de se apresentar de forma teórica, no entanto, tal transformação dependeria da ação dos próprios trabalhadores. Distantes da realidade em que era lançado o *Manifesto*, esses ideais se apresentavam como perspectiva gloriosa de futuro, cuja realização dependeria da classe definida pelos autores como o sujeito privilegiado da História. Tratava-se de fazer a propaganda de uma causa, na forma de um programa de ação política cuja lógica se expressava, com força dramática, nas palavras finais do texto:

> Que as classes dominantes tremam à ideia de uma revolução comunista! Os proletários nada têm a perder nela a não ser suas cadeias. Têm um mundo

a ganhar. PROLETÁRIOS DE TODOS OS PAÍSES, UNI-VOS! [Marx e Engels, 2006:120].

Um texto canônico

Olhada da atualidade, a publicação do *Manifesto* constitui um marco que acabou por obscurecer formas anteriores de socialismo. Ainda assim, seu sucesso como escrito político não foi imediato, muito pelo contrário. Embora sua perspectiva fosse claramente internacional, seu impacto inicial ocorreu somente na Alemanha, pois era lá que a Liga Comunista contava com certa influência. Em outros países, como a própria Inglaterra, tal sucesso seria mais limitado. A primeira edição do *Manifesto* chegou a ser ali reimpressa três vezes, mas desapareceu logo após o fracasso das Revoluções de 1848. Assim, na década de 1850 ele parecia caminhar para o ostracismo, e entre 1848 e 1868 parece não ter havido nenhuma tradução do texto para outro idioma.

Foi só a partir da década de 1870, quando os conflitos sociais ganhavam uma dimensão mais ampla na Europa, que sua importância passaria a ser resgatada. Entre 1871 (momento da Comuna de Paris) e 1873, pelo menos nove edições do *Manifesto* apareceram em seis idiomas diferentes. Com a Revolução Russa de 1917, em grande parte assentada sobre os princípios ali expostos, o texto adquiriria importância crescente. Com impressão e distribuição frequentemente financiadas com recursos oficiais dos partidos comunistas e do governo soviético, tornou-se uma obra fundamental para o desenvolvimento do ideário comunista ao longo do século XX. Como resultado, transformou-se em um dos mais influentes escritos políticos daquele século.

O modo pelo qual o manifesto passou muitas vezes a ser lido já se distanciava, porém, das aspirações e propostas articuladas por Marx e Engels no momento de sua escrita. Embora as tensões políticas do século XX tenham levado a uma leitura comumente dogmática da obra, no seu momento original de publicação ela se ligava a contextos e desafios muito específicos — como reconheciam os próprios autores no texto, ao afirmar que as concepções teóricas dos comunistas não seriam simples "ideias ou princípios inventados ou descobertos por tal ou qual reformador do mundo" [mas sim] "a expressão geral das condições reais de uma luta de classes existente, de um movimento histórico que se desenvolve sob os nossos olhos" (Marx e Engels, 2006:70). Fruto de seu tempo, é a ele que responde o *Manifesto* — ainda que seus desdobramentos se fizessem notar ao longo de todo o século seguinte.

SEÇÃO 25 — A teoria das elites[23]

A Teoria das Elites

A partir dos textos de Marx e Engels pudemos conhecer uma das mais famosas interpretações sobre o fenômeno da dominação. Pensando em termos de *classes sociais*, esses autores se propuseram a refletir acerca dos mecanismos e dos desdobramentos do domínio (ou, nos seus termos, da "opressão") exercido pelos detentores dos meios de produção sobre os trabalhadores, vendo na luta entre eles o verdadeiro motor da história. Apesar da inegável importância dos trabalhos desses autores, eles estão longe de esgotar a reflexão das Ciências Sociais sobre o tema da dominação como elemento-chave para a compreensão da realidade social. De diferentes maneiras, diversos pensadores se dedicaram ao assunto, especialmente dentro do campo da Ciência Política.

Uma das tantas vertentes que fizeram do tema da dominação o foco de sua análise é aquela que, reunindo diferentes autores e perspectivas, ficou conhecida como "Teoria das Elites", ou "Elitismo". Esta vertente surgiu entre o final do século XIX e o início do século XX, quando questões como igualdade, democracia, soberania popular, representação política e socialismo vinham à tona em todo o mundo ocidental diante da emergência de um novo (e poderoso) ator social: as massas. Não por acaso, a Teoria das Elites responde àquele contexto tomando como postulado básico a ideia de que a desigualdade é um fato natural — e que, portanto, sempre haverá, em todas as sociedades, uma *minoria* detentora do poder e uma *maioria* que dele está privada.

---

[23] Texto de referência: Michels (1982).

UNIDADE IV – COMO A SOCIEDADE SE TRANSFORMA

A ideia de "elite" está profundamente arraigada em nosso cotidiano. Seja nos jornais, nos livros ou em conversas informais, a palavra muitas vezes aparece em expressões como "elite econômica", "elite política", "elite intelectual" etc., sempre em referência a grupos que, por diferentes motivos, detêm a maior parcela de algum tipo de poder ou exercem algum tipo de dominação. Tal sentido, porém, só passou a ser hegemônico em meados do século XIX. Oriunda da palavra latina *eligere*, que significa "escolher" (ou "eleger"), "elite" foi, por muito tempo, usada para designar pessoas ou produtos que, por sua superioridade, eram considerados os escolhidos, os eleitos.

Dando ênfase ao aspecto político da dominação, os diferentes pensadores da assim chamada Teoria das Elites buscaram, de modo geral, compreender como se formam e atuam os restritos círculos de pessoas imbuídas do *poder político* em suas respectivas sociedades — ou seja, do poder de "tomar e de impor decisões válidas para todos os membros do grupo, mesmo que tenha de recorrer à força, em última instância" (Bobbio, 1998:385).

Gaetano Mosca e Vilfredo Pareto

O primeiro pensador a sistematizar uma análise da *classe política*, dando corpo ao que mais tarde ficaria conhecido como a Teoria das Elites, foi o italiano Gaetano Mosca. Seu livro *Elementi di scienza política*, de 1896, apresenta uma tentativa declarada de formular uma análise científica da política, baseada na observação extensiva e imparcial dos fatos. Buscava, assim, afastar-se de leituras ideológicas do exercício do poder, defendendo que toda e qualquer sociedade podia ser dividida entre governantes e governados:

> Entre as tendências e os fatos constantes que se acham em todos os organismos políticos, um existe cuja evidência pode ser a todos facilmente manifesta: em todas as sociedades, a começar por aquelas mais mediocremente desenvolvidas e que são apenas chegadas aos primórdios da civilização, até as mais cultas e fortes, existem duas classes de pessoas: a dos governantes e a dos governados. A primeira, que é sempre a menos numerosa, cumpre todas as funções públicas, monopoliza o poder e goza as vantagens que a ela estão anexas; enquanto

que a segunda, mais numerosa, é dirigida e regulada pela primeira, de modo mais ou menos legal ou de modo mais ou menos arbitrário e violento, fornecendo a ela, ao menos aparentemente, os meios materiais de subsistência e os que são necessários à vitalidade do organismo político [Mosca apud Souza, 1966:61].

Partindo deste pressuposto, a análise de Mosca se desenvolve em torno da preocupação em explicar *como* se forma a classe dirigente (ou "classe política"), ou seja, quais os elementos que levam determinado grupo de pessoas a constituírem uma minoria detentora do poder. A explicação, segundo o autor, repousa sobre um elemento-chave: *organização*.

Mosca argumenta que, ligados por relações de interesse, os integrantes da classe dirigente constituem um grupo homogêneo e solidário entre si, em contraposição aos demais membros da sociedade, que se encontram divididos, desarticulados e, consequentemente, desorganizados. Por esse motivo, a Teoria das Elites, tal como formulada por esse autor, é também conhecida como "teoria da minoria organizada".

Deste cenário surge uma questão inevitável: como é possível que uma minoria domine uma maioria numericamente bem superior? Mosca (apud Souza, 1966:53) responde:

é fatal o predomínio de uma minoria organizada, que obedece a um único impulso, sobre a maioria desorganizada. A força de qualquer minoria é irresistível frente a cada indivíduo da maioria, que se encontra só frente à totalidade da minoria organizada. E ao mesmo tempo se pode dizer que esta se encontra organizada precisamente porque é uma minoria.

A equação é, portanto, bastante clara: a minoria domina porque é organizada; a maioria é dominada porque é desorganizada. Enfim, um grupo, para dominar, precisa ser minoria (viabilidade técnica da ação conjunta e organizada), mas isso não é o suficiente. O grupo precisa também ter interesses em comum, o que gera motivação para agir coletivamente e assim impor seu domínio sobre outros grupos.

Mosca enfatiza ainda o fato de a classe política ser aquela que monopoliza os recursos de poder (como a máquina estatal), utilizando-os em benefício próprio, o que colaboraria sobremaneira para a manutenção de sua ordenação interna. Além disso, essa classe exerce "todas as funções políticas" e não apenas aquelas de governo, isto é, controla diversos recursos sociais (econômicos, religiosos, escolares etc.) que podem ser usados para influenciar as decisões políticas. Já a massa de governados se define como o oposto da classe política: são governados (e, por isso, dominados) por não terem a posse dos meios de governo e serem uma maioria desorganizada.

Outra questão que se impõe na compreensão da formação do grupo dominante diz respeito à legitimidade: quais os critérios pelos quais uma minoria se apresenta à maioria governada como um grupo dotado de qualidades superiores e, portanto, mais apto ao exercício do poder? Para Mosca, o exercício do poder se justifica em nome de padrões morais universais, que podem variar ao longo do tempo. Em determinados momentos da História, a valentia era o aspecto mais valorizado, levando os guerreiros a compor a classe dirigente; em outros, a base do poder era a propriedade rural, conferindo poder aos grandes senhores de terras, e assim por diante. Deste modo, o domínio da classe política sobre o resto da sociedade não é entendido por Mosca como o resultado exclusivo de uma relação de força entre dominantes e dominados. Segundo ele, a classe dominante justifica seu poder buscando dar-lhe uma base moral e legal e apresentando-o como consequência necessária de crenças reconhecidas e aceitas na sociedade comandada por essa classe.

Uma derivação lógica da reflexão desenvolvida por Mosca é a de que todos os governos, independentemente de seu caráter formal (ou seja, se são monarquias ou repúblicas, ditaduras ou democracias), são sempre *oligárquicos*, uma vez que o poder está sempre e necessariamente concentrado na mão de um pequeno grupo de pessoas.

Ainda que os escritos de Gaetano Mosca sejam considerados o marco zero da Teoria das Elites, foi com o economista e sociólogo Vilfredo Pareto que a palavra "elite" passou a ser de fato empregada na análise do fenômeno da dominação política.

Fortemente influenciado pela obra de Mosca, Pareto também toma a desigualdade como um fato natural, defendendo a universalidade da divisão entre governantes e governados. Mas diferentemente de seu precursor, que foca na organização do grupo como fator explicativo da constituição dos grupos dominantes, enfatiza as características individuais que levam uma ou outra pessoa a compor a classe dirigente.

De acordo com Pareto, a desigualdade está presente em todos os campos da atuação humana. Independentemente do tipo de atividade, sempre haverá indivíduos que se destacam dos demais por suas qualidades superiores, constituindo uma *elite*. Nesse sentido, a existência de elites seria nada mais que a expressão da desigualdade natural entre os homens, da qual a desigualdade social emergiria como consequência. Percebe-se, portanto, que, na concepção desse autor, a elite pode ser definida pelas habilidades próprias de seus integrantes, cujos dons os habilitam a ocupar os níveis superiores em seu ramo de atuação. Desta forma, poderíamos falar de uma elite de guerreiros, de uma elite religiosa, uma elite econômica etc. Portanto, para Pareto, a palavra "elite" é usada em sentido muito próximo do seu significado etimológico original, que designa "os melhores" ou "os eleitos".

Mas Pareto, que, como Mosca, tinha como objetivo oferecer uma análise do fenômeno da dominação política, elabora ainda uma segunda divisão, diferenciando as elites governantes das não governantes. Estas últimas se referem ao conjunto de indivíduos que, embora sejam os melhores na sua atividade, não exercem o comando político. Já a classe governante é formada por aqueles que, direta ou indiretamente, participam do governo. A elite política, portanto, não é formada apenas por aqueles que participam diretamente do governo, mas também por aqueles que conseguem influenciá-lo graças aos importantes recursos sociais que controlam, como dinheiro, cultura, religião, saber etc.

No entanto, para que a sociedade permaneça em equilíbrio, esses dois estratos não podem permanecer incomunicáveis. Ao contrário, é preciso que ocorra aquilo que Pareto denomina, em sua obra mais conhecida, *Tratado de sociologia geral*, de 1916, "circulação das elites", entendida como os modos pelos quais se dá a passagem de um a outro grupo. A atenção à dinâmica de composição das elites políticas evidencia o interesse de Pareto no fato de que, em suas palavras, "a história é um cemitério de aristocracias" (Pareto, 1984:71), ou seja, a constatação de que as aristocracias (termo genérico para designar os estratos políticos superiores da sociedade) não duram para sempre.

De acordo com o autor, as classes políticas decaem porque diminuem não apenas em número, mas, sobretudo, em qualidade. Ainda segundo ele, a ascensão dos melhores indivíduos oriundos dos estratos inferiores pode ser paulatina (institucionalizada) ou abrupta (revolucionária), dependendo da organização política da sociedade, mas deve forçosamente ocorrer para que se restaure a qualidade da elite política e, por conseguinte, o equilíbrio social.

Não é difícil perceber que, cada qual à sua maneira, Mosca e Pareto questionam o caráter verdadeiramente revolucionário da previsão marxista sobre a ascensão do socialismo. Segundo suas análises, a revolução socialista nada mais seria do que a substituição de uma elite burguesa capitalista por outra elite, agora socialista. Em última instância, todo e qualquer governo seria inevitavelmente oligárquico (ou seja, liderado por um grupo de poucos) e nem mesmo a imposição do sufrágio universal seria capaz de alterar esse quadro.

A Teoria das Elites tem, como vimos, na premissa da desigualdade natural seu principal alicerce, levando seus primeiros teóricos a verem com pessimismo e desconfiança as promessas da democracia. Outro autor, contudo, partiu das premissas do elitismo para elaborar uma reflexão sobre os caminhos do regime democrático. Vejamos.

Robert Michels

Se para Gaetano Mosca e Vilfredo Pareto a democracia aparecia como um dos tantos elementos a comprovar a validade da Teoria das Elites, para o alemão Robert Michels ela era o centro da análise sobre os mecanismos da dominação política. Com histórico de militância junto ao Partido Social-Democrata alemão, este pensador fez de sua experiência concreta junto ao mundo da política o ponto de partida para sua reflexão teórica.

Fortemente influenciado pelos estudos de Mosca, Michels toma como ponto de partida o postulado das minorias organizadas para compreender o funcionamento dos partidos políticos de massa em contexto democrático. Foi com este intuito que, em 1911, publicou *Sociologia dos partidos políticos*, o mais conhecido de seus 33 livros, que chega aos dias de hoje com impressionante atualidade.

O livro se inicia com uma frase categórica: "Não se concebe a democracia sem organização" (Michels, 1982:15). Defendendo que a organização é o único meio de criar a vontade coletiva, Michels a apresenta como uma arma de luta dos fracos contra os fortes, subvertendo, em certa medida, o sentido primeiro desenvolvido por Mosca. Para Michels, a organização seria a condição fundamental da luta política conduzida pelas massas, uma vez que

> Apenas aglomerando-se e dando à sua aglomeração uma estrutura é que os operários adquirem a capacidade de resistência política e, ao mesmo tempo, uma dignidade social [Michels, 1982:23].

Tal argumento se baseia, segundo Michels, na constatação de que o ideal participativo da democracia, baseado no princípio do autogoverno das massas por meio de assembleias, havia se tornado mecânica e tecnicamente inviável diante do crescimento e da complexificação das sociedades. Facilmente manipuláveis por bons oradores, as massas seriam terreno fértil para o destaque de ações individuais, incorrendo, dessa forma, no risco de formação de oligarquias. Em suas palavras, "A multidão anula o indivíduo, e, desse modo, sua personalidade e seu sentimento de responsabilidade" (Michels, 1982:45).

A impossibilidade da gestão direta do poder pelas massas teria, então, imposto a necessidade da existência de *delegados*, cujo papel seria o de representar as massas, garantindo a realização de suas vontades. Esses delegados (ou chefes) seriam, em sua origem, servidores da massa a qual representam, uma vez que sua atuação aconteceria num contexto de igualdade absoluta entre todos os homens. No entanto, o aumento desmesurado dos grupos a serem geridos teria levado à formação de uma classe de "políticos

Unidade IV – Como a sociedade se transforma

profissionais", ou "técnicos da política", treinados especificamente para a função de representar determinado grupo.

Os delegados tornam-se, assim, *profissionais da organização*, passando a depender dela para a própria sobrevivência. E, mais do que isso, a própria sobrevivência da organização passa a depender deles:

> o direito de controle reconhecido à massa torna-se cada vez mais ilusório. Os partidários devem renunciar a dirigir ou mesmo a supervisionar todos os assuntos administrativos. Veem-se obrigados a confiar esta tarefa a certas pessoas, especialmente nomeadas para tal fim, a funcionários pagos pela organização. A massa é reduzida a contentar-se com prestações de contas sumaríssimas ou a recorrer a comissões de controle [Michels, 1982:22].

Com o poder de decisão progressivamente retirado das massas, embora exercido em nome delas, os chefes se tornam cada vez mais independentes do grupo que representam, criando um abismo que acaba por trair o princípio da igualdade. Configura-se um cenário no qual os delegados deixam de ser os servidores do povo para se tornarem seus patrões. Ou, nas palavras do autor,

> Amparado no que seria a vontade coletiva, justificando-se com o apoio de uma esmagadora maioria dos votos, um indivíduo poderia passar a impor a sua dominação, suprimindo a própria democracia, e denunciando como antidemocrática qualquer forma de oposição ou protesto. Em nome da democracia, portanto, as maiores violências poderiam ser cometidas, o que equivale a dizer que a soberania poderia ser a raiz de sua própria supressão [Michels, 1982:125].

Michels defende, portanto, a hipótese de que *toda organização tende necessariamente à oligarquia*, uma vez que divide todo partido ou sindicato em uma minoria dirigente e uma maioria dirigida. Deste modo, o poder efetivo, conferido pelas massas por meio do voto, passa às mãos de funcionários especializados, num processo de crescente burocratização e hierarquização. Desta forma, "à medida que a organização cresce, o direito de controle reconhecido à massa torna-se cada vez mais ilusório" (Michels, 1982).

Deparamo-nos com um paradoxo: a direção profissional do poder garante e nega a democracia a uma só vez, já que a torna operacionalmente viável e, ao mesmo tempo, revela a impossibilidade lógica do sistema representativo. O voto seria, nessa equação, tanto um ato soberano do povo, que por meio dele escolhe seu representante, quanto um ato de renúncia à sua soberania.

Comprovaria-se, desse modo, a inescapável dificuldade da conduta democrática entre os partidos democráticos. Ao se apresentarem como um "Estado dentro do Estado", baseando-se na centralização calcada na autoridade e na disciplina, os partidos revelariam uma "essência íntima" fundamentalmente conservadora. Como resultado, a organização deixa de ser um meio para tornar-se um fim, rendendo-se aos efeitos da burocratização funcional. Michels conclui que, apesar de toda agremiação política nascer da mobilização das massas, seu crescimento leva à burocratização e à consequente degeneração dos princípios democráticos. Por isso, de acordo com o autor, "Num partido, os interesses das massas organizadas que o compõem estão longe de coincidirem com os da burocracia que os personifica" (Michels, 1982:136).

A partir de tais considerações, Michels elabora sua conhecida "Lei de bronze da oligarquia" (em outras traduções, *lei de ferro da oligarquia*), que vê na formação de uma oligarquia centralizadora nos partidos um *fenômeno orgânico*, inerente ao desenvolvimento partidário. Defendendo que "toda organização de partido representa uma potência oligárquica repousada sobre uma base democrática" (Michels, 1982:238), Michels conclui apontando para a inviabilidade da soberania das massas e para a decorrente impossibilidade de realização da democracia ideal.

Resta-nos, agora, ver como outros autores pensaram o funcionamento da democracia, valendo-se de outras perspectivas teóricas e suportes empíricos.

SEÇÃO 26 — Democracia e ditadura[24]

O que é democracia?

Você certamente sabe que o Brasil vive hoje sob um sistema democrático. Em termos práticos, isso significa que nossos governantes são periodicamente eleitos por cidadãos maiores de 16 anos e cumprem um mandato pelo tempo estabelecido por nossa Constituição Federal. Mas você saberia definir *o que é a democracia* e de que forma ela se diferencia das demais formas de governo existentes?

A palavra democracia vem do grego antigo e significa "governo do povo". Segundo o filósofo italiano Norberto Bobbio, o termo vem sendo usado, desde a Antiguidade clássica, para designar "um dos diversos modos com que pode ser exercido o poder político" (Bobbio, 1987:135). Isso significa que sua definição só pode ser feita *em relação* às outras formas de exercício do poder político, uma vez que configura um dos muitos conceitos presentes na *teoria geral das formas de governo*. Ou seja, só podemos entender plenamente o conceito de "democracia", suas virtudes e seus defeitos, se o inserirmos no panorama mais amplo de reflexão sobre a dominação de caráter político.

Ainda de acordo com Bobbio, a *teoria geral das formas de governo* presta-se a três usos diversos, ainda que profundamente interligados: o uso descritivo, o uso prescritivo e o uso histórico.

No uso descritivo (ou sistemático), a teoria se apresenta sob a forma de classificação, oferecendo a tipologia das formas de governo que se sucederam no decorrer da história, "numa operação não diversa da do botânico que classifica plantas ou do zoólogo que classifica animais" (Bobbio, 1987:136). Nessa perspectiva, a democracia é entendida como uma das três formas de governo possíveis, segundo a classificação que tem por critério o número de governantes. Ela se define, assim, como "a forma de governo na qual o poder é exercido por todo o povo, ou pelo maior número, ou por muitos, e enquanto tal se distingue da monarquia e da aristocracia,

---

[24] Texto de referência: Bobbio (1987).

nas quais o poder é exercido, respectivamente, por um ou por poucos" (Bobbio, 1987:137). Tal tipificação foi empregada por Platão e, mais tarde, por Aristóteles, que acrescenta a esta classificação numérica o critério referente ao modo de governar, ou para o bem comum ou para o bem de quem governa. Nesse sentido, a democracia se define, frente aos demais tipos de exercício do poder,

> por ser o governo dos muitos com respeito aos poucos, ou dos mais com respeito aos menos, ou da maioria com respeito à minoria ou a um grupo restrito de pessoas (ou mesmo de um só) [Bobbio, 1987:138].

No uso prescritivo (ou axiológico), por sua vez, a teoria geral das formas de governo carrega uma série de juízos de valor que atuam na classificação e disposição dos diferentes modelos possíveis. Nesse uso, não apenas o juízo absoluto sobre a bondade ou não desta ou daquela forma de governo é qualificado, mas também (e sobretudo) um juízo relativo sobre a bondade de determinada forma em relação às demais. Aqui, a democracia é qualificada conforme seus prós e contras, e Bobbio recorda que são inúmeras as disputas em torno da superioridade ou não da democracia diante de outras formas de governo ao longo da história.

O autor afirma que, de modo geral, argumentos favoráveis à democracia são aqueles fixados por Tucídides: o fato de ser o governo a favor dos muitos, e não dos poucos; de ser um governo de leis, e não de homens; de ter leis que são iguais para todos; e, finalmente, de defender o respeito à liberdade na vida pública e na vida privada. Platão, por sua vez, teria sido o responsável pela elaboração da mais conhecida crítica ao sistema democrático de governo. Segundo ele, a democracia se define por ser o governo dos pobres contra os ricos, o que levaria inevitavelmente à instauração da tirania. Além disso, acredita que a liberdade característica desse modelo se transformaria em ausência de freios morais e políticos, que causaria a subversão de toda e qualquer autoridade.

Já entre os pensadores modernos, que refletiram sobre a democracia no contexto do surgimento e consolidação dos Estados Nacionais, a democracia era, em geral, vista como uma opção inferior à monarquia. Porém, após as revoluções Francesa e Americana, o argumento em favor da liberdade como forma de autonomia (baseada nos escritos do filósofo francês Jean-Jacques Rousseau) foi ganhando espaço e, com ele, a democracia passou a ganhar mais defensores. É nesse sentido que Bobbio afirma que o desenvolvimento da democracia coincide com a progressiva extensão dos direitos políticos (direito de participar da vontade coletiva). Tal perspectiva vê ainda na democracia a vantagem de ser o sistema que melhor controlaria as possibilidades de abuso do poder, já que nela

> o povo não pode abusar do poder contra si mesmo, ou, dito de outra forma, onde o legislador e o destinatário da lei são a mesma pessoa, o primeiro não pode prevaricar sobre o segundo [Bobbio, 1987:146].

Por fim, no uso histórico da teoria geral das formas de governo, busca-se traçar a linha de desenvolvimento do curso histórico da humanidade, entendido como a sucessão de modelos políticos. Ou seja, aqui as formas de dominação política são descritas conforme sua adequação a determinados momentos da História, segundo critérios que, não raro, apontam a democracia como algo pertencente ao passado.

A democracia moderna

Ainda que alguns pensadores, como Rousseau, se mostrassem simpáticos à forma democrática de governo, enxergando nela as já referidas vantagens com relação à monarquia, era hegemônica a ideia de que a democracia só era viável na gestão de pequenos territórios. Não havia, então, grandes dúvidas com relação à monarquia como sistema de governo preferencial aos grandes estados europeus.

Em 1776, contudo, um acontecimento veio abalar definitivamente as bases sobre as quais repousavam aquelas certezas. Eclodia a Revolução Americana, da qual emergiria um governo republicano, pluralista, representativo e com uma enorme multiplicidade e vivacidade das sociedades intermediárias. Os Estados Unidos da América nasciam então como a primeira república representativa, que encarnava a democracia na sua versão moderna, em contraposição à definição dos antigos que se referia à participação direta do povo. Foi esse o mundo novo da política descrito por Tocqueville, como vimos na seção 24.

O processo de consolidação da democracia ocorreu, segundo Bobbio, com base no alargamento do direito de voto (até alcançar o sufrágio universal) e no desenvolvimento do associacionismo político (até alcançar a formação dos partidos de massa).

A democracia no mundo contemporâneo

Ao se referir à democracia no mundo contemporâneo, Bobbio atenta para o fato de que o alargamento daquele sistema de governo não se limitou ao alcance do sufrágio universal. Ainda que a garantia do direito ao voto seja um dos critérios indispensáveis a uma democracia, ela certamente não se reduz a isso. Nesse sentido, para Bobbio, por regime democrático se entende principalmente um *conjunto de regras de procedimento* para a formação das decisões coletivas, nas quais é prevista e facilitada a participação mais ampla possível dos interessados.

Tal definição deixa claro que o direito ao voto não se esgota, de forma alguma, em si mesmo. Numa democracia ele deve vir acompanhado de determinadas regras (os *procedimentos universais*, segundo o autor), que estabelecem o "quem" e o "como" da decisão política — e que se encontram em todos os regimes geralmente chamados democráticos. São elas:

1. Todos os cidadãos que alcançaram a maioridade, sem distinção de raça, religião, condição econômica e sexo, devem desfrutar dos direitos políticos, ou seja, todos têm o direito de expressar sua própria opinião ou de escolher quem a exprima por eles.
2. O voto de todos os cidadãos deve ter o mesmo peso.
3. Todas as pessoas que desfrutam de direitos políticos devem ser livres para poder votar de acordo com sua própria opinião, formada com a maior liberdade possível por meio de uma concorrência livre entre grupos políticos organizados competindo entre si.
4. Devem ser livres também no sentido de ter condição de escolher entre soluções diferentes, ou seja, entre partidos que têm programas diferentes e alternativos.

UNIDADE IV – COMO A SOCIEDADE SE TRANSFORMA

5. Seja por eleições, seja por decisão coletiva, deve valer a regra da maioria numérica, no sentido de considerar eleito o candidato ou considerar válida a decisão obtida pelo maior número de votos.
6. Nenhuma decisão tomada pela maioria deve limitar os direitos da minoria, particularmente o direito de se tornar por sua vez maioria em igualdade de condições.

Na perspectiva de Bobbio, essas regras são *condições da democracia*, e sua maior ou menor observância por determinados governos nos permite reconhecer que há democracias *mais* ou *menos democráticas*.

Ainda a esse respeito, Bobbio alerta para o fato de que os critérios para definição de uma democracia não pertencem exclusivamente ao campo da política. Isso porque, no mundo contemporâneo, uma vez conquistado o direito à participação política, o cidadão percebeu que a esfera política está incluída numa esfera muito mais ampla: a esfera da sociedade como um todo. Desse modo, com o governo democrático já devidamente consolidado, não demorou a ficar claro que não existe decisão política que não esteja condicionada ou determinada por aquilo que acontece na sociedade civil.

Assim, podemos afirmar que no mundo de hoje a democracia não se refere somente à realidade da prática política, acionada pelo indivíduo-cidadão, mas também à realidade da prática social, acionada pelo indivíduo múltiplo em seus muitos papéis (como o de pai, filho, professor, estudante etc.). Em termos amplos, isso significa que a democracia, como objetivo, passa a ocupar novos espaços de ação social, indo além da política institucionalizada. São, portanto, duas democracias: aquela da direção política (marcada pela instituição dos parlamentos) e aquela da sociedade, donde deriva, por exemplo, a possibilidade de um Estado democrático gerir uma sociedade não democrática.

Deste modo, a escolha dos governantes por meio de eleições gerais e diretas pode ser suficiente para que determinado regime político seja formalmente uma democracia, mas não para que a sociedade seja considerada democrática.

Democracia versus Ditadura

Retomando o ponto anunciado no início do capítulo, de que, segundo Bobbio, a democracia só pode ser definida *em relação* às outras formas de exercício do poder político, é importante compreendermos sua oposição àquele tipo de governo que, historicamente, vem sendo apresentado como seu avesso absoluto: a ditadura.

Inicialmente chamado de "autocracia", a ditadura se caracteriza por ser um regime no qual um governante (ou comitê) detém o controle absoluto em todos os níveis de governo sem o consentimento dos governados. De acordo com Bobbio, tanto a mudança de terminologia quanto a polarização radical entre a autocracia e a democracia aconteceram em meio ao processo de adesão crescente de Estados Nacionais ao regime democrático (principalmente após a I Guerra Mundial) e especialmente nos países em que a democracia vinha substituir um governo de natureza autocrática.

O que nem todos sabem é que, bem como "democracia", o termo "ditadura" também remonta à Antiguidade Clássica, quando tinha uma conotação positiva. Na Roma antiga, por exemplo, o *dictator* era um magistrado empossado em circunstâncias extraordinárias (como uma guerra ou uma rebelião) e cuja permanência no poder era temporária. Além disso, seus poderes extraordinários se limitavam às funções executivas, sem avançar, portanto, sobre questões legislativas. Percebe-se, assim, que, ao contrário do sentido atualmente atribuído ao termo, "ditadura" não se confundia com "tirania" ou "despotismo".

Na era moderna, por sua vez, o conceito de ditadura reaparece no contexto de grandes revoluções, despontando como uma forma de governo dedicada a instaurar uma nova ordem. Soberana, a ditadura moderna vê seu poder se estender *às funções legislativas e constituintes,* vendo, nas palavras de Carl Schmitt (apud Bobbio, 1987:161), "em todo o ordenamento existente um estado de coisas a ser completamente removido pela própria ação".

Vemos, portanto, que tanto a democracia quanto a ditadura são modelos e conceitos sujeitos a variações ao longo do tempo e do espaço, cabendo a nós compreender que seu uso na tentativa de classificação de formas de governo exige cuidado e reflexão crítica.

SEÇÃO 27 — Poliarquia[25]

A democracia e seus pressupostos

Na seção passada pudemos refletir sobre o conceito e a prática da democracia como forma de governo a partir dos escritos de Norberto Bobbio. Vimos ali não apenas uma abordagem histórica do termo como também considerações acerca dos critérios pelos quais um governo pode ou não ser considerado democrático. O tema é muito vasto, e certamente não se esgota na obra de um único autor. Por isso veremos agora as considerações de outro importante pensador do século XX que fez da democracia seu principal objeto de estudo: o americano Robert Dahl.

Para Dahl, um governo democrático se define pela garantia de oportunidades fundamentais. Nesses termos, defende que

> uma das características-chave da democracia é a contínua responsividade do governo às preferências de seus cidadãos, considerados como politicamente iguais [Dahl, 1997:25].

O autor alerta, entretanto, para o fato de que uma democracia responsiva a todos os seus cidadãos consiste num ideal teórico, que dificilmente será encontrado na prática — lembrando da metodologia de Max Weber, poderíamos dizer que se trata de um "tipo ideal". Ainda assim, argumenta que tal definição é um importante ponto de partida para uma reflexão acerca da viabilidade do regime democrático que, para ele, depende de que os cidadãos possuam plenas oportunidades de escolher livremente num processo de competição política para eleição dos representantes. A concretização de tal oportunidade depende, ainda segundo Dahl, de que os cidadãos possam:

---

[25] Texto de referência: Dahl (1997, caps. 1 e 2).

1. Formular suas preferências.
2. Expressar suas preferências a seus concidadãos e ao governo através de ação individual e coletiva.
3. Ter suas preferências igualmente consideradas na conduta do governo, ou seja, consideradas sem discriminação decorrente do conteúdo ou da fonte da preferência.

A liberdade de formular preferências está relacionada à liberdade de organização em instituições como sindicatos, associações de moradores, partidos políticos etc. Essas organizações, observados os critérios legais, não devem sofrer nenhum constrangimento. O sistema político deve garantir a todos os segmentos da sociedade o direito de constituir entidades que defendam seus interesses.

A liberdade de expressar preferências, por sua vez, pode ser entendida tanto como a liberdade de imprensa quanto como a extensão do direito ao voto. A liberdade de imprensa significa que os veículos de comunicação não devem sofrer nenhum tipo de censura por parte dos órgãos governamentais; e a extensão do direito ao voto — ou o sufrágio universal — é a inexistência de barreiras sociais, econômicas, culturais ou religiosas na concessão do direito a participar do processo de escolha dos governantes.

A terceira condição está relacionada à forma como ocorre a disputa eleitoral, que deve se pautar pela lisura do pleito. Para tanto, são necessárias não somente a ausência de fraude, mas também a igualdade de condições na manifestação das preferências. Um exemplo concreto e historicamente recente é o horário de propaganda eleitoral gratuita no rádio e na televisão, que garante ao partido do governo e aos partidos de oposição a possibilidade de expor seus programas e suas propostas aos eleitores de forma mais igualitária do que se dependesse apenas, por exemplo, do poder econômico de um ou outro partido.

Vemos assim que, para Dahl, a democracia se define, antes de tudo, pelo critério da garantia de igualdade de condições para todos os cidadãos no processo de participação política. Mas como assegurar, na prática, tal equidade? A resposta estaria na atuação das instituições da sociedade, responsáveis por viabilizar o acesso àquelas oportunidades através de oito garantias:

UNIDADE IV – COMO A SOCIEDADE SE TRANSFORMA

1. Liberdade de formar e aderir a organizações.
2. Liberdade de expressão.
3. Direito de voto.
4. Direito de líderes políticos disputarem apoio.
5. Fontes alternativas de informação.
6. Elegibilidade para cargos políticos.
7. Eleições livres e idôneas.
8. Instituições que façam com que as políticas governamentais dependam de eleições e de outras manifestações de preferência.

Sem a observância a tais requisitos, o princípio da igualdade política ficaria comprometido, e, com ele, a própria democracia. Nesse sentido, Dahl lembra que os regimes variam na amplitude com que essas condições institucionais estão abertamente disponíveis, são publicamente utilizadas e plenamente garantidas.

Contestação pública e direito de participação

Partindo da variação com relação ao grau de adesão às referidas garantias, o autor recorda que os regimes variam também na proporção da população habilitada a participar, de maneira igualitária, do controle e da contestação à conduta do governo. Identifica, dessa forma, duas dimensões fundamentais da democratização: a *contestação pública* e o *direito de participação*.

A *contestação pública* se refere às possibilidades de exercício de oposição ao governo e de competição política, enquanto o *direito de participação* (ou *inclusividade*) diz respeito à inclusão da maioria da população no processo de escolha dos líderes e governantes. Dahl defende que a partir desses dois parâmetros é possível avaliar o grau de democratização de um regime ou sistema político: quanto maior a *participação* e quanto mais grupos dentro de uma sociedade competirem pelo poder político, mais democrática é essa sociedade.

Nos dias de hoje, a maioria dos países permite que o povo participe da administração do governo, sendo bastante inclusivos; porém, quando é proibido o direito à oposição, a participação perde grande parte de seu significado. As possibilidades de *contestação pública* e de *participação política* numa sociedade devem ser analisadas de forma conjunta. É, portanto, a interação entre essas duas variáveis que define as diferentes formas que a democracia pode assumir na sua existência concreta. Em suma, podemos afirmar que o processo de democratização depende de avanços articulados em torno desses dois eixos centrais, que servem como critérios para a classificação de regimes observados na prática, conforme sua maior ou menor proximidade com o ideal democrático.

O trecho abaixo mostra, nas palavras do autor, como esses dois elementos podem se combinar de maneiras variadas:

> A contestação pública e a inclusão variam um tanto independentemente. A Grã-Bretanha possuía um sistema altamente desenvolvido de contestação pública ao final do século XVIII, mas apenas uma minúscula parcela da população estava plenamente incluída nele até a ampliação do sufrágio, em 1867 e 1884. A Suíça possui um dos sistemas mais plenamente desenvolvidos de contestação pública. Poucas pessoas provavelmente contestariam a visão de que o regime suíço é "altamente democrático". No entanto, a metade feminina da população suíça ainda está excluída das eleições nacionais [Dahl, 1997:31].

Dahl refere-se ao fato de que apenas em 1971 (pouco após a publicação de seu livro, nesse mesmo ano) o voto feminino foi aprovado na Suíça. Das diferentes possibilidades de combinação entre essas duas variáveis, o autor tipifica quatro tipos de regime político:

a) hegemonias fechadas: regimes em que a disputa pelo poder é baixa e a participação política é limitada;

b) hegemonias inclusivas: regimes em que a disputa pelo poder é baixa, mas a participação política é mais extensa;

c) oligarquias competitivas: regimes em que a disputa pelo poder é alta, mas a participação política é limitada;

d) poliarquias: regimes em que a disputa pelo poder é alta e a participação política é ampla.

Chama a atenção nessa classificação a inexistência de um regime identificado como uma democracia. Seria de se esperar, pelos critérios apresentados pelo autor, que o último modelo, marcado pela conjunção de amplas possibilidades de contestação pública e participação política, correspondesse ao regime democrático. Dahl defende, no entanto, que a definição de democracia vai além da observância a essas duas características, e que nenhum regime real pode ser propriamente classificado como democrático.

O conceito de poliarquia

Com base em tais considerações, o autor desenvolve seu mais conhecido conceito, o de *poliarquia* (ou o "governo de muitos"). Criado para designar a forma e o modo como funcionam os regimes democráticos dos países ocidentais desenvolvidos (ou industrializados), esse conceito se refere *às democracias efetivamente existentes* que, ao apresentar diferentes combinações de *inclusividade* e possibilidade *de contestação pública*, se distanciam do ideal democrático. Na definição do autor,

> As poliarquias podem ser pensadas então como regimes relativamente, mas incompletamente, democratizados, ou, em outros termos, as poliarquias são regimes que foram substancialmente popularizados e liberalizados, isto é, fortemente inclusivos e amplamente abertos à contestação pública [Dahl, 1997:31].

Voltado a uma análise mais realística dos regimes democráticos existentes, o conceito de *poliarquia* surge como alternativa operacional à constatação de que, nas classificações sociológicas anteriores, nenhum país reunia características suficientes para ser considerado uma democracia plena. Ao viabilizar uma análise pautada não em modelos absolutos, mas em possibilidades variadas de combinação entre os graus de *contestação pública* e de *inclusividade*, o conceito amplia o leque de classificação dos regimes políticos, permitindo identificar diferentes níveis de democratização e, desse modo, avaliar e comparar os regimes políticos.

Mas quais são, afinal, as características de uma *poliarquia*? Para Robert Dahl, nas poliarquias há eleições livres, que ocorrem regularmente, e a competição eleitoral é regulada. O direito ao voto é universal, bem como o direito de concorrer a cargos públicos. O processo eleitoral é marcado pelo direito à livre expressão e ao debate. E há também possibilidade para que o eleitor busque fontes alternativas de informação — pensemos, por exemplo, na importância do uso de meios cibernéticos de informação no mundo contemporâneo.

Além disso, o autor afirma que as poliarquias se caracterizariam por uma forte descentralização dos recursos de poder, numa configuração em que as decisões essenciais são tomadas a partir de uma livre negociação entre uma pluralidade de grupos, autônomos e concorrentes, mas ligados mutuamente por um acordo mínimo sobre as regras do jogo social e político. Vemos, aqui, uma diferença fundamental em relação aos teóricos da Teoria das Elites, uma vez que Dahl salienta a existência de uma multiplicidade de centros de decisão e um conglomerado de elites.

Ainda em torno do conceito de poliarquia, Dahl também formula hipóteses acerca das condições mais favoráveis para que um sistema político não democrático (ou com baixo grau de democracia) caminhe em direção a um sistema poliárquico. Neste sentido, o autor considera que há mais chances de a democracia se desenvolver quando a dimensão da competição política antecede a dimensão da inclusão. Dito de outra forma, ele defende que um regime de limitada inclusão, mas com elevado grau de competição e tolerância à contestação política, tem mais chances de se transformar numa poliarquia, pois, quando a inclusão política ocorrer, o sistema político já terá institucionalizado os procedimentos democráticos de disputa pelo poder.

É importante salientar ainda que Dahl não vê o caminho rumo às poliarquias como algo inevitável. Ele relembra que as condições para o desenvolvimento de um regime poliárquico não são fáceis de se criar. São, antes de tudo, fruto de um processo complexo que depende, segundo o autor, de sete condições principais: sequências históricas, grau de concentração na ordem socioeconômica, nível de desenvolvimento socioeconômico, desigualdade, clivagens subculturais, controle estrangeiro e crenças de ativistas políticos.

São incontáveis os trabalhos que, de diferentes formas, tratam do tema da democracia. Vimos aqui, com Norberto Bobbio e Robert Dahl, dois caminhos analíticos consagrados acerca das teorias e práticas do regime democrático. Mas eles não se esgotam, de modo algum, em si mesmos. Ao contrário, compõem uma rede ampla e fértil de diálogos sobre esse tema que vem, no mundo de hoje, ganhando importância a cada dia.

UNIDADE V

Os métodos das Ciências Sociais

❑ O que são métodos de pesquisa.

❑ O ofício do cientista social como um artesanato intelectual.

❑ Exemplos de métodos qualitativos e quantitativos.

SEÇÃO 28 — As Ciências Sociais como um artesanato intelectual[26]

Como o cientista social realiza seu trabalho — isto é, como estuda a realidade social? A resposta a essa pergunta leva a uma reflexão sobre os *métodos de pesquisa*. Mas o que são métodos? A etimologia da palavra grega *méthodos* significa: via, rota, uma maneira ou um modo de fazer as coisas. Ou seja, no caso, os caminhos que o pesquisador segue para tentar responder suas perguntas.

A pesquisa social pode valer-se de diferentes métodos para responder às perguntas que se colocam. Não há, de forma alguma, uma única "receita" para fazer as coisas. Na expressão do sociólogo americano Charles Whright Mills (1916-1962), a ciência social deve ser vista mais como um ofício, um *artesanato intelectual*, do que como uma "linha de montagem" de pesquisas padronizadas. O próprio artesão intelectual produz as teorias e métodos necessários para o trabalho que está sendo feito, à medida que vai sendo feito — isto é, à medida que vai trilhando seus caminhos de pesquisa. Isso não quer dizer, de forma alguma, que deva desprezar todo o conhecimento acumulado à sua disposição, mas que deve ser sempre o *autor* das próprias ideias e de seu caminho singular.

O historiador francês Marc Bloch (1886-1944) já havia usado ideia semelhante, em livro que ficou inacabado quando ele foi assassinado pelos nazistas. Seu *Apologia da história, ou o ofício do historiador*, fala do trabalho do historiador como um ofício, um *métier*, algo que se aprende em uma oficina.

Essas imagens — ofício, artesanato, oficina — levam à postura intelectual de se pensar o trabalho de pesquisa social como uma dialética permanente entre "teoria" e "prática", mediada pelos métodos.

---

[26] Texto de referência: Mills (2009).

Sobre o "artesanato intelectual"

Sejamos um bom artesão: evitemos qualquer norma de procedimento rígida. Acima de tudo, busquemos desenvolver e usar a imaginação sociológica. Evitemos o fetichismo do método e da técnica. É imperiosa a reabilitação do artesão intelectual despretensioso, e devemos tentar ser, nós mesmos, esse artesão. Que cada homem seja seu próprio metodologista; que cada homem seja seu próprio técnico; que a teoria e o método se tornem novamente parte da prática de um artesanato. Defendamos o primado do intelectual individual; sejamos a mente que enfrenta, por si mesma, os problemas do homem e da sociedade [Mills, 2009:240].

Apesar da morte precoce, Mills foi um dos mais importantes cientistas sociais americanos do século XX. Ele produziu uma obra original, influenciada tanto pela tradição weberiana quanto pela marxista. Escreveu, entre outros livros:

❑ *White collar: The American middle class* (1951, publicado no Brasil como *A nova classe média*);
❑ *The power elite* (1956, *A elite do poder*);
❑ *The sociological imagination* (1959, *A imaginação sociológica*).

Neste último livro, Mills incluiu um apêndice, "Sobre o artesanato intelectual", que se tornaria famoso. O "artesão intelectual" de que trata Mills deve ser visto como um "tipo ideal", no sentido weberiano do termo — algo que não é encontrado em forma "pura" na realidade social, mas que, construído pelo pesquisador a partir do exagero de algumas propriedades de determinado fenômeno, nos ajuda a compreendê-lo.

Para Mills, ver o trabalho de pesquisa como um ofício ressalta a importância da dimensão existencial na formação do pesquisador. Mills enfatiza, nesse sentido, a indissociabilidade, para o "artesão intelectual", entre sua vida e seu trabalho.

Isso ocorre, em primeiro lugar, porque, como em outros *ofícios*, o *métier* do cientista social também é algo que se aprende basicamente em diálogo com pesquisadores mais experientes. Por isso, em seu texto, Mills procura expor aos leitores como realiza seu ofício.

O cientista social, acima de tudo, não deve dissociar seu trabalho de sua vida, e sim usar uma para enriquecer a outra: "A erudição é uma escolha de como viver e ao mesmo tempo uma escolha de carreira quer o saiba ou não, o trabalhador intelectual forma seu próprio eu à medida que se aproxima da perfeição de seu ofício [...]" (Mills, 2009:212). Ou melhor, à medida que se aprimora em seu ofício. A experiência de vida do cientista social deve, portanto, ser continuamente usada em seu trabalho. Ela influi e afeta seu momento presente e seus planos futuros.

Mas como fazer isso na prática? A resposta pessoal de Mills é: *organizar um arquivo, manter um diário*. No arquivo "unem-se a experiência pessoal e as atividades profissionais, os estudos em elaboração e os estudos plane-jados. Nesse arquivo o estudioso, como artesão intelectual, tentará juntar o que está fazendo intelectualmente e o que está experimentando como pessoa" (Mills, 2009:212). Por que o diário e a manutenção de um arquivo são importantes? Porque, para Mills, desenvolvem o *hábito da autorreflexão* e, com isso, mantêm nosso mundo interior desperto.

Um dos principais erros dos jovens cientistas sociais, para Mills, seria só escreverem seus "planos" quando têm que preparar um "projeto". O arquivo, para ele, deve ser cotidiano. Deve captar não apenas as "grandes ideias", mas também os "pensamentos marginais": subprodutos da vida diária, trechos de conversa ouvidos na rua, sonhos etc.

Mais do que isso, o arquivo deve ser revisto periodicamente. Deve-se re-organizá-lo frequentemente, desenvolvendo e aprimorando a forma como se exprimem as ideias; deve-se fazer, desfazer e refazer classificações e tipos; deve-se contrastar e comparar vários objetos diferentes; deve-se inverter o senso de proporção, deformar, exagerar. Nesse processo, deve-se "brincar" com o arquivo, manter com ele uma atitude *lúdica*.

O arquivo, construído e usado desse modo, teria a capacidade, segundo Mills, de estimular a *imaginação sociológica*, que consiste em grande parte

na "capacidade de passar de uma perspectiva a outra, e no processo esta-belecer uma visão adequada de uma sociedade total de seus componentes.

UNIDADE V – OS MÉTODOS DAS CIÊNCIAS SOCIAIS

É essa imaginação que distingue o cientista social do simples técnico" [Mills, 2009:227-228].

Segue-se uma bela passagem sobre o espírito alegre que anima a imaginação sociológica:

A imaginação sociológica também pode ser cultivada; ela dificilmente ocorre sem um grande volume de trabalho, que com frequência é de rotina. Não obstante, há uma qualidade inesperada em relação a ela, talvez porque sua essência seja uma combinação de ideias que não supúnhamos combináveis — digamos, uma mistura de ideias da Filosofia alemã e da Economia britânica. Há um certo estado de espírito alegre atrás dessa combinação, bem como um interesse realmente muito grande em ver o sentido do mundo, que falta aos técnicos. Talvez estes sejam demasiado bem treinados, treinados com demasiada precisão [Mills, 2009:228].

Mills também defende, em seu texto, que a apresentação dos resultados das pesquisas deve ser feita na linguagem mais clara e simples possível. Para ele, se o escrito não é inteligível para um leitor culto, é porque foi mal escrito. Um truque prático que Mills cita é pensar sempre que se está falando para um auditório de não especialistas. Deve-se buscar dar exemplos concretos com frequência e evitar utilizar excessivamente jargões acadêmicos e hermetismo.

Uma linguagem "difícil" é muitas vezes usada por cientistas sociais como recurso para imitar a linguagem das ciências "exatas" ou para distinguir o cientista social dos literatos ou jornalistas — quando não, pelo simples desejo de prestígio oriundo do fato de se deter um conhecimento supostamente "muito complicado". A visão de Mills, que se opõe a isso, está resumida num jogo de palavras: "Para superar a *prosa* acadêmica, temos de superar primeiro a *pose* acadêmica (Mills, 2009:235).

Finalmente, Mills chama a atenção para o fato de que o cientista social não deve deixar que as preocupações públicas determinem os problemas que estuda. Não deve, nunca, abrir mão de sua autonomia moral e política.

Temas para discussão

❏ Na época em que Mills publicou seu texto (1959), tinha em mente a criação e manutenção de um diário e um arquivo físicos, em papel. Apenas décadas mais tarde o uso de computadores pessoais e o acesso à internet se tornariam uma realidade. Embora a essência de suas ideias continue a mesma, no que suas recomendações poderiam ser adaptadas à contemporaneidade?

❏ Busque exemplos daquilo que Mills chama de "pose acadêmica".

SEÇÃO 29 — A observação participante

É comum ouvirmos falar numa divisão entre métodos "qualitativos" e "quantitativos" de pesquisa. No próximo capítulo, veremos que, a rigor, essa divisão é meramente formal. O que importa aqui, no entanto, é apenas destacar que um tipo de método não é "melhor" ou "mais científico" que outro: podem ajudar a responder diferentes perguntas, de diferentes modos. O importante é perceber qual tem melhor "rendimento" em cada situação. Ou seja, qual método (ou que combinação de métodos) ajuda o cientista social a responder suas perguntas. Evitando discutir questões de "metodologia" em abstrato — isto é, o estudo dos métodos em si, daremos apenas um exemplo, neste capítulo e no seguinte, de algumas questões relativas à prática da pesquisa social.

Entre os métodos "qualitativos" estão práticas como a "observação participante" e as entrevistas não estruturadas. Têm em comum o fato de serem dados de difícil quantificação, e que enfatizam a importância de se compreender a interação entre pesquisador e "objeto" da pesquisa. Nesse sentido, muitas vezes os métodos qualitativos realçam a dimensão subjetiva e existencial do processo de pesquisa. De modo geral, podemos dizer que as pesquisas qualitativas trabalham com significados, motivações, valores e crenças — dimensões que não podem ser simplesmente reduzidas às questões quantitativas, pois respondem a noções muito particulares.

Por esses motivos, se há uma característica que constitui a marca dos métodos qualitativos é a *flexibilidade*, principalmente quanto às técnicas de coleta de dados, incorporando aquelas mais adequadas à observação que está sendo feita. Outra característica importante da metodologia qualitativa consiste na heterodoxia no momento da análise dos dados. Isso porque a variedade de material obtido qualitativamente exige do pesquisador uma *capacidade integrativa e analítica* que, por sua vez, depende do desenvolvimento de uma *capacidade criadora e intuitiva*.

Examinaremos nesta seção a experiência de pesquisa de William Foote Whyte (1914-2000), sociólogo americano. Seu principal livro é *Sociedade de esquina* (*Street corner society*), publicado em 1943, no qual Whyte se vale do método de pesquisa conhecido como "observação participante".

Esse método não era, à época, uma novidade. Entre os antropólogos, havia se tornado famoso desde a publicação, em 1922, dos resultados de pesquisa de Bronislaw Malinowski entre os nativos das Ilhas Trobriand, com os quais conviveu alguns anos: *Argonautas do Pacífico Ocidental*. A pesquisa de Whyte, no entanto, foi pioneira em relação a estudos no meio urbano.

Em seu livro, Whyte apresenta os resultados do estudo intensivo de uma área pobre e degradada de Boston, em sua maioria habitada por imigrantes de origem italiana. Num longo "anexo metodológico" incluído no livro, Whyte explica como a pesquisa foi realizada.

Convivendo com os "nativos"

Da mesma forma que Malinowski conviveu durante alguns anos com os "nativos" de algumas ilhas do Pacífico Ocidental, Whyte também buscou conviver com os "nativos" do bairro de Boston que queria estudar. É claro que, neste caso, a palavra "nativos" refere-se a contextos completamente diferentes. Whyte compartilhava um grande número de elementos culturais com os moradores da área que pesquisou, muito mais do que Malinowski em relação aos seus "nativos". Por outro lado, é importante observarmos, como nos chamou a atenção o antropólogo brasileiro Gilberto Velho (1945-2012), que *familiaridade* e proximidade não são necessariamente sinônimos de *conhecimento*.

Gilberto Velho foi, ele mesmo, autor de um pioneiro estudo antropológico em meio urbano no Brasil. Em seu *A utopia urbana* (1973), estudou o cotidiano e as representações de moradores de um prédio de conjugados em Copacabana, no qual morou durante algum tempo e com os quais conviveu diariamente. Velho chama a atenção, no artigo "Observando o familiar", para a existência de inúmeros grupos que fazem parte de nossa paisagem urbana, com os quais temos familiaridade, porém a respeito dos quais nosso conhecimento é muito impreciso e estereotipado. Dentro de uma grande metrópole, Velho mostra que há descontinuidades vigorosas entre o mundo pesquisador e outros mundos, o que faz com que possamos ter experiências de estranheza e até mesmo choque cultural em nossa própria cidade.

Destaquemos, a seguir, algumas características da experiência pioneira de William Foote Whyte. Em seu livro, ele narra seu aprendizado em "Cornerville", nome fictício que dá ao bairro italiano de Boston que estudou a partir de 1937.

Ao procurar conviver com o grupo que queria estudar — principalmente jovens de "gangues" de moradores, Whyte viu-se inicialmente diante do dilema de como ter acesso a esses grupos. Após várias tentativas frustradas, conheceu um personagem, Doc, que viria a ter papel fundamental em sua pesquisa, passando a atuar como um misto de intermediário e "intérprete" entre ele e os diferentes grupos com os quais tinha contato. Aos poucos, Doc tornou-se mais um *colaborador* da pesquisa do que um simples "informante".

Whyte destaca a importância de se obter o apoio de indivíduos-chave nos grupos que estava estudando. Desse modo, não precisava ficar sempre explicando a todo mundo o que estava fazendo. Em relação a este ponto, descobriu que era sempre melhor dar uma explicação simples — dizer, por exemplo, que estava escrevendo um livro — do que tentar dar uma explicação mais "teórica". Sua aceitação no bairro dependia muito mais das relações pessoais que desenvolvia do que das explicações que pudesse dar a respeito do que estava querendo fazer.

Esta é, vale destacar, uma experiência única e singular de pesquisa, como todas. Não há, como já dissemos, regra geral nem receita para a pesquisa social. Em seu caso específico, Whyte estava lidando com uma espécie de submundo socialmente desprestigiado, no qual, por exemplo, havia no início suspeitas de que ele pudesse ser um policial disfarçado. Aos poucos, no entanto, com a convivência diária, ele ganhou a confiança das pessoas com as quais convivia.

A pesquisa de campo com observação participante é um processo gradual de observação e construção de problemas teóricos, e não uma experiência de "empatia" ou "conversão" pessoal. O tempo da pesquisa, neste caso, pode ser um elemento-chave. No caso de Whyte, participar das atividades e conviver com o grupo — características centrais da "observação participante" — tornaram-se mais importantes e "renderam" mais como métodos de pesquisa do que, por exemplo, tentar aplicar questionários ou fazer entrevistas formais.

É importante ainda destacar, a respeito desse método de pesquisa, que, por meio dele, não se pretende que o pesquisador se "torne" um nativo, ou que finja ser um. Ao contrário, a expectativa geralmente é de que o pesquisador continue sendo diferente. Whyte dá o exemplo de quando falou uma série de palavrões e os jovens da gangue (que também falavam muitos palavrões) não gostaram, dizendo que ele era uma pessoa educada e que não deveria agir daquela forma. Na verdade, gostavam dele justamente por ser diferente, contanto que tivesse amizade por elas. Temos aqui, portanto, uma tensão constante entre proximidade e distância que atravessa toda a pesquisa, e sobre a qual o pesquisador também deve refletir.

Conforme argumenta a socióloga Lícia do Prado Valladares (2007), a partir da leitura de *Sociedade de esquina* podemos depreender aquilo que ela chama de "Os dez mandamentos da observação participante". São eles:

1. A observação participante implica, necessariamente, um processo longo. Muitas vezes o pesquisador passa inúmeros meses para "negociar" sua entrada na área. Uma fase exploratória é, assim, essencial para o desenrolar ulterior da pesquisa.

2. O pesquisador não sabe de antemão onde está "aterrissando", caindo geralmente de "paraquedas" no território a ser pesquisado. Não é esperado pelo grupo, desconhecendo muitas vezes as teias de relações que marcam a hierarquia de poder e a estrutura social local. Equivoca-se ao pressupor que dispõe do controle da situação.

3. A observação participante supõe a interação pesquisador/pesquisado. As informações que obtém, as respostas que são dadas às suas indagações, dependerão, ao final das contas, do seu comportamento e das relações que desenvolve com o grupo estudado. Uma autoanálise faz-se, portanto, necessária e convém ser inserida na própria história da pesquisa.

4. Por isso mesmo o pesquisador deve mostrar-se diferente do grupo pesquisado. Seu papel de pessoa de fora terá que ser afirmado e reafirmado. Não deve enganar os outros, nem a si próprio.

5. Uma observação participante não se faz sem um "Doc", intermediário que "abre as portas" e dissipa as dúvidas junto às pessoas da localidade. Com o tempo, de informante-chave, passa a colaborador da pesquisa: é com ele que o pesquisador esclarece algumas das incertezas que permanecerão ao longo da investigação.

6. O pesquisador quase sempre desconhece sua própria imagem junto ao grupo pesquisado. Seus passos durante o trabalho de campo são conhecidos e muitas vezes controlados por membros da população local. O pesquisador é um observador que está sendo todo o tempo observado.

7. A observação participante implica saber ouvir, escutar, ver, fazer uso de todos os sentidos. É preciso aprender quando perguntar e quando não perguntar, assim como que perguntas fazer na hora certa. As entrevistas formais são muitas vezes desnecessárias, devendo a coleta de informações não se restringir a isso. Com o tempo os dados podem vir ao pesquisador sem que ele faça qualquer esforço para obtê-los.

8. Desenvolver uma rotina de trabalho é fundamental. O pesquisador não deve recuar em face de um cotidiano que muitas vezes se mostra repetitivo e de dedicação intensa. Mediante notas e manutenção do diário de campo (*field notes*), o pesquisador se autodisciplina a observar e anotar sistematicamente. Sua presença constante contribui, por sua vez, para gerar confiança na população estudada.

9. O pesquisador aprende com os erros que comete durante o trabalho de campo e deve tirar proveito deles, à medida que os passos em falso fazem parte do aprendizado da pesquisa. Deve, assim, refletir sobre o porquê de uma recusa, o porquê de um desacerto, o porquê de um silêncio.

Unidade V – Os métodos das Ciências Sociais

10. O pesquisador é, em geral, "cobrado", sendo esperada uma "devolução" dos resultados do seu trabalho. "Para que serve esta pesquisa?" "Que benefícios ela trará para o grupo ou para mim?" Mas só uns poucos consultam e se servem do resultado final da observação. O que fica são as relações de amizade pessoal desenvolvidas ao longo do trabalho de campo.

Como lembra Valladares, Whyte deixa claro que a observação participante *não é uma prática simples*, e está sempre permeada de dilemas teóricos e práticos que cabe ao pesquisador gerenciar. Outra contribuição importante do livro — e cujos ensinamentos são de extrema relevância aos estudos sobre a realidade brasileira — é o ensinamento de que uma pesquisa qualitativa bem conduzida oferece uma imagem sobre determinada realidade bastante diferente daquela conhecida pelo senso comum, que vê as áreas pobres pela chave da degradação, do caos e da ilegalidade. *Sociedade de esquina* nos revela que, através da observação participante, o pesquisador pode construir um panorama muito mais complexo, que enfatiza a existência de grupos sociais variados e lógicas de organização locais. Nesse sentido, ganham importância as redes de interação social que, nas tramas do cotidiano, podem revelar uma realidade distinta daquela expressa pelo senso comum ou mesmo por pesquisas de teor quantitativo.

Temas para discussão

❑ Discuta como diferentes características pessoais do pesquisador podem influenciar sua interação com os "nativos".
❑ Apesar de a pesquisa de campo com observação participante envolver um significativo grau de contato e inserção do pesquisador no grupo estudado, isso não significa que ele se transforme em um "nativo". Como essas fronteiras se mantêm em situações em que os pesquisados e os "nativos" são parte de uma mesma sociedade?

SEÇÃO 30 — Métodos quantitativos de pesquisa[27]

Discutiremos, neste capítulo, a utilização de métodos quantitativos em um tipo específico de pesquisa social: as pesquisas de opinião.[28] Você certamente está familiarizado com os resultados de pesquisas que buscam captar a "opinião pública", pois pesquisas desse tipo são diariamente anunciadas pela mídia a respeito dos mais diferentes temas: pesquisas sobre intenção de voto nas eleições, sobre mudanças de comportamento social, sobre acontecimentos públicos relevantes etc.

As pesquisas de opinião podem seguir diferentes métodos e técnicas, em função do tipo de assunto a ser tratado, do público-alvo ou mesmo de restrições de tempo ou de recursos para sua produção.

Vejamos o exemplo de como a "opinião pública" é captada pelas "pesquisas por amostragem", isto é, aquelas que se utilizam de questionários estruturados e com entrevistas realizadas pessoalmente, diferentemente de pesquisas que se utilizam, por exemplo, de telefone ou internet. São pesquisas que, no jargão das Ciências Sociais, se chamam de *surveys*. Elas permitem oferecer uma visão relativamente rápida sobre questões que, de outro modo, demorariam muito para ser respondidas. Além disso, o fato de não se buscar a opinião pessoal dos indivíduos mas sua generalização para toda uma população ou para um "recorte" específico dela permite controlar melhor, em muitos casos, o *viés* das opiniões subjetivas.

Como a "opinião pública" se manifesta nas pesquisas?

Os *surveys* representam a opinião que os indivíduos entrevistados têm no momento em que as perguntas são feitas. O somatório dessas opiniões, consolidadas pelo pesquisador, representa a "opinião pública" a respeito do tema da entrevista. Mas, como generalizar sobre a "opinião pública", se é sempre entrevistado um número reduzido de pessoas em relação à população geral?

---

[27] Texto de referência: Cheibub (s.n.t.)
[28] Agradecemos a Márcio Grijó Vilarouca a leitura atenta deste capítulo.

Vejamos o exemplo das pesquisas de intenção de voto. É comum, em disputas eleitorais, candidatos mal colocados negarem a validade de determinada pesquisa dizendo, por exemplo, que "não conhecem ninguém que tenha sido entrevistado" ou que "a única opinião que interessa é a das urnas". Já os candidatos bem colocados ou em ascensão geralmente valorizam o resultado das pesquisas, visto como uma "tendência" positiva.

Esse exemplo nos leva a considerar duas coisas importantes em relação às pesquisas de opinião em geral. Em primeiro lugar, o objetivo da pesquisa não é conhecer a opinião apenas das pessoas entrevistadas, mas da população mais ampla (ou de determinado "recorte" dessa população) no qual estão inseridos. Ou seja, aquilo que se tem como respostas de alguns indivíduos entrevistados deve representar uma categoria ou classe mais geral de pessoas na mesma situação: é uma *amostra* da população, o que nos coloca a questão mais geral de como definir a *amostragem* necessária para se ter um bom resultado, que será abordada mais adiante.

Uma segunda observação, em relação ao exemplo da pesquisa de intenção de voto, é que seu resultado, ao mesmo tempo que é fruto da opinião de um grupo de pessoas representativas da população em geral, acaba por sua vez influenciando a própria "opinião pública" que se quer revelar. Isso porque, através da disseminação dos resultados na mídia, por exemplo, as pessoas podem, inclusive, se sentir tentadas a modificar sua opinião anterior; ou então pessoas em dúvida podem decidir optar por tal ou qual resposta em função daquilo que aparece anunciado na mídia.

Temos aqui, portanto, uma "via de mão dupla", na qual as pesquisas de opinião e o público que representa a opinião que se quer medir acabam influenciando-se mutuamente.

Limites e fontes de erro dos surveys

Como já dissemos, um *survey* registra a opinião dos indivíduos no momento em que a pergunta é feita. Essa pergunta, é importante destacar, é algo *estimulado* pelo pesquisador. Por causa disso, a resposta será sempre resultado do *modo* como a pergunta é feita, do *contexto* no qual é feita e do *tempo*, geralmente reduzido, que o entrevistado tem para respondê-la. As respostas não são fruto de um debate ou de uma reflexão conjunta entre pesquisador e entrevistado, mas de reações rápidas a uma pergunta estimulada.

Vale destacar que parte dos temas explorados em *surveys* podem ser precedidos por entrevistas qualitativas em profundidade, que ajudam a identificar quais as questões — dentro de um grande tema — são relevantes para os entrevistados (e que, portanto, auxiliam na formulação das perguntas). Ou seja, há vários esforços possíveis, na elaboração do instrumento de pesquisa, no sentido de controlar algumas fontes de erros.

Desse modo, é equivocado pensar que os dados são "coletados" pelo pesquisador, como se fossem coisas prontas à espera de serem registradas. Na verdade, os dados são *construídos*, pois derivam de uma formulação por parte do pesquisador. Nesse sentido, os *surveys* de opinião podem também ser considerados pesquisas qualitativas com métodos quantitativos. Não são, em si, mais "objetivos" do que outros métodos e técnicas de pesquisa. Muitas vezes, usam-se diferentes métodos e técnicas de pesquisa de forma complementar. Assim, *surveys* muitas vezes ajudam a "testar" proposições oriundas de *insights* qualitativos, e entrevistas qualitativas podem demonstrar os limites de perguntas estruturadas.

Uma das fontes de erro mais comuns em *surveys* é a questão da *amostragem*, inerente a esse método. Outros problemas comuns (porém às vezes menos óbvios) referem-se à forma como a pergunta é feita, e que pode influenciar a resposta, e problemas na interação entre entrevistador-entrevistado (forma de abordagem, entonação da voz e criação de empatia etc.), que podem igualmente influir sobre o resultado.

Mesmo com esses problemas, os *surveys* se mostram como um método de pesquisa válido e bastante apropriado a muitas situações, ao "evidenciarem a tendência de pensamento dos cidadãos sobre determinado tema, no momento em que foram realizadas e sob as condições possíveis de sua realização" (Cheibub, s. n. t.).

O impacto das pesquisas sobre a "opinião pública"

Como já foi mencionado, temos uma via de mão dupla entre pesquisa, resposta, apresentação dos resultados e opinião pública: aquilo que é medido também influencia o que se quer medir. O impacto depende, principalmente, da forma como os resultados são apropriados pelos atores sociais (mídia, autoridades, movimentos sociais etc.). Esse impacto vai depender de serem os resultados acatados como "verdade" ou se serão apenas o ponto de partida para debates sobre o tema.

Quando uma pesquisa de opinião "impõe" um tema, por exemplo, os respondentes se manifestam sobre uma agenda predefinida de forma exógena. O resultado pode ganhar grande repercussão e influenciar políticas públicas, sem ser necessariamente objeto de preocupação central dos entrevistados. A "agenda pública", neste caso, torna-se "estimulada" pela pesquisa.

Vale observar que, em muitos casos, os resultados de diferentes pesquisadores podem ser divergentes e alimentar a discussão sobre os métodos e técnicas utilizados, a qualidade da amostra e das perguntas, a qualidade da análise dos dados etc. Neste sentido, muitas vezes a influência das pesquisas sobre a sociedade depende mais de fatores *extrínsecos* às próprias pesquisas.

Temas para discussão

❑ Examine exemplos concretos de pesquisa de opinião, observando:
  ❑ casos em que há convergência ou discordância entre os resultados de diferentes pesquisas; compare as amostras utilizadas e o contexto das pesquisas;
  ❑ como elas foram apresentadas pela mídia e influenciaram o debate público sobre determinado tema.

Referências

BECKER, Howard. Marginais e desviantes. In: _____. *Outsiders*. Rio de Janeiro: Zahar, 2008.

BERGER, Peter; LUCKMANN, Thomas. *A construção social da realidade*. 24. ed. Petrópolis: Vozes, 2002.

BOBBIO, Norberto. Democracia e ditadura. In: *Estado, governo, sociedade*. Rio de Janeiro: Paz e Terra, 1987. p. 135-165.

_____. *Dicionário de política*. Trad. João Ferreira. Brasília: Universidade de Brasília, 1998.

CHEIBUB, Zairo. *Pesquisas de opinião e opinião pública*: limites e possibilidades. S.n.t.

DAHL, Robert. *Poliarquia:* participação e oposição. São Paulo: EdUSP, 1997.

DAWE, Alan. Teorias da ação social. In: BOTTOMORE, T.; NISBET, R. (Orgs.) *História da análise sociológica*. Rio de Janeiro: Zahar, 1980.

DICKENS, Charles. *Tempos difíceis*. [1854]. Lisboa: Romano Torres, 1950.

DURKHEIM, Émile. Fatos sociais: o estudo das representações coletivas. In: FORACCHI, M. A.; MARTINS, J. S. (Orgs.). *Sociologia e sociedade*. Rio de Janeiro: LTC, 1977.

_____. *Os pensadores*. São Paulo: Abril Cultural, 1983.

_____. *As regras do método sociológico*. São Paulo: Nacional, 1995.

_____. *Durkheim — Sociologia*. In: Rodrigues, José Albertino (Org.). São Paulo: Ática, 2001. Coleção Grandes Cientistas Sociais.

FEBVRE, Lucien. O problema da descrença no século XVI: a religião de Rabelais [1942]. In: MOTA, Carlos Guilherme (Org.). *Lucien Febvre:* história. São Paulo: Ática, 1978. p. 37-53.

FERNANDES, Florestan. A herança intelectual da sociologia. In: FORACCHI, M. A.; MARTINS, J. S. (Orgs.). *Sociologia e sociedade*. Rio de Janeiro: LTC, 1977.

Foucault, Michel, *Vigiar e punir:* nascimento da prisão. Petrópolis: Vozes, 1987.

_____. *A verdade e as formas jurídicas*. 3. ed. Rio de Janeiro: NAU, 2005.

GIDDENS, Anthony. *Sociologia*. Porto Alegre: Artmed, 2005.

HALBWACHS, Maurice. *A memória coletiva*. São Paulo: Centauro, 2006.

HOLANDA, Sérgio Buarque de. *Raízes do Brasil*. São Paulo: Cia. das Letras, 2005.

HUGHES, Everett. Ciclos, pontos de inflexão e carreiras. *Revista Teoria e Pesquisa*, n. 46, p. 163-173, jan. 2005.

KANT, Immanuel. An answer to the question: what is enlightenment? [1784]. Disponível em: <http://www.english.upenn.edu/_mgamer/Etexts/Kant.html>. Acesso em: 18 jan. 2014.

MAQUIAVEL, Nicolau. *O príncipe*. São Paulo: Legatus, 2010.

MARX, Karl. O caráter fetichista da mercadoria e seu segredo. In: ____. *Karl Marx, Os Economistas*. São Paulo: Abril Cultural, 1983.

_____. *O capital* — crítica da economia política. Livro Primeiro. São Paulo: Difel, 1985.

_____; ENGELS, F. *A ideologia alemã*. São Paulo: Martins Fontes, 1982.

_____. *Manifesto do Partido Comunista*. São Paulo: Graal, 2006.

MICHELS, Robert. *Sociologia dos partidos políticos*. Brasília: UnB, 1982.

MILLS, C. Wright. *A imaginação sociológica*. Rio de Janeiro: Zahar, 1969.

_____. *Sobre o artesanato intelectual e outros ensaios*. Rio de Janeiro: Zahar, 2009.

REFERÊNCIAS

O PAPALAGUI. Trad. Samuel Penna Aarão Reis. São Paulo: Marco Zero, 2003.

PARETO, Vilfredo. *Manual de Economia Política*. São Paulo: Abril Cultural, 1984. p. 71.

POLLAK, Michel. Memória, esquecimento, silêncio. *Estudos Históricos*, Rio de Janeiro: Cpdoc/FGV, v. 2, n. 3, 1989.

_____. Memória e identidade social. *Estudos Históricos*, Rio de Janeiro: Cpdoc/FGV, v. 5, n. 10, p. 200-212, 1992.

QUINTANEIRO, Tania; BARBOSA, Maria L. de O.; OLIVEIRA, Márcia Gardênia de. *Um toque de clássicos*. Belo Horizonte: UFMG, 2000.

SCHUTZ, Alfred. Sociologia interpretativa. In*: _____. Fenomenologia e relações sociais*. Rio de Janeiro: Zahar, 1979.

SIMMEL, Georg. O futuro da nossa cultura. 1909. S. n. t.

_____. A metrópole e a vida mental. In: VELHO, Otávio Guilherme (Org.). *O fenômeno urbano*. Rio de Janeiro: Zahar, 1979. p. 11-25.

_____. O problema da sociologia. In: MORAES FILHO, Evaristo de (Org.). Georg Simmel, *Sociologia*. São Paulo: Ática, 1983.

_____. *Questões fundamentais da sociologia*. Rio de Janeiro: Zahar, 2006.

SOUZA, Amaury de (Org.). *Sociologia política:* textos básicos de Ciências Sociais. Rio de Janeiro: Zahar, 1966.

TAYLOR, Frederick. *Princípios de administração científica* [1911]. 8. ed. São Paulo: Atlas, 1990.

THOMPSON, E. P. Tempo, disciplina de trabalho e capitalismo industrial. In: _____. *Costumes em comum. Estudos sobre a cultura popular tradicional*. [1967] São Paulo: Cia. das Letras, 1998. p. 267-304.

TOCQUEVILLE, Alexis de. *A democracia na América*. São Paulo: Abril Cultural, 1979. Coleção Os Pensadores.

VALLADARES, Licia. Os dez mandamentos da observação participante. *Revista Brasileira de Ciências Sociais* [online], v. 22, n. 63 [cited 2014-05-14], p. 153-155, 2007.

VELHO, Gilberto. *Projeto e metamorfose*. Rio de Janeiro: Zahar, 2003.

_____. *Um antropólogo na cidade. Ensaios de antropologia urbana*. Rio de Janeiro: Zahar, 2013.

WEBER, Max. Os três tipos puros de dominação legítima. In: COHN, Gabriel (Org.). *Weber*. Sociologia. São Paulo: Ática, 1979. p. 128-141.

_____. A "objetividade" do conhecimento nas Ciências Sociais. In: COHN, G. *Max Weber*: Sociologia. São Paulo: Ática, 1986.

_____. A "objetividade" do conhecimento na Ciência Social e na Ciência Política. In: _____. *Metodologia das Ciências Sociais*. Campinas: Editora da Unicamp/ Cortez, 1992. Parte 2, p. 107-154.

_____. *A ética protestante e o espírito do capitalismo*. [1904]. São Paulo: Pioneira, 1996.

WHYTE, William Foote. *Sociedade de esquina*. Rio de Janeiro: Zahar, 2005.

Impressão e acabamento:

Grupo SmartPrinter
Soluções em impressão